「双碳」目标下

制造企业服务创新发展研究

碳 达峰 中和

付静雯 —— 著

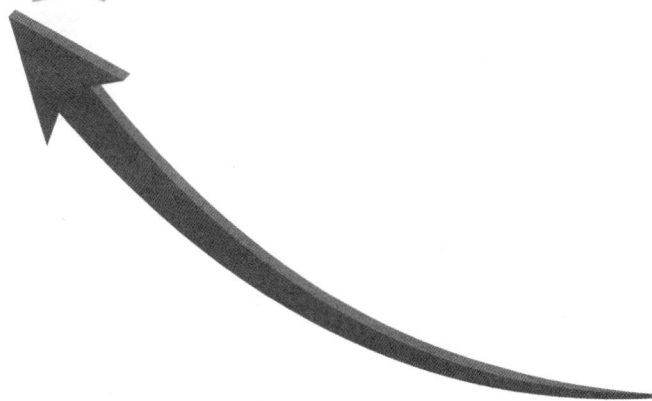

Research on the Development of Service Innovation in Manufacturing Enterprises

under Carbon Peaking and Carbon Neutrality Goals

东北财经大学出版社
Dongbei University of Finance & Economics Press | 大连

图书在版编目（CIP）数据

"双碳"目标下制造企业服务创新发展研究 / 付静雯著．—大连：东北财经大学出版社，2022.10

ISBN 978-7-5654-3115-9

Ⅰ.双… Ⅱ.付… Ⅲ.制造工业−工业企业−企业创新−研究−中国 Ⅳ.F426.4

中国版本图书馆CIP数据核字（2022）第173505号

东北财经大学出版社出版发行

　　大连市黑石礁尖山街217号　邮政编码　116025

　　网　　址：http：//www.dufep.cn

　　读者信箱：dufep @ dufe.edu.cn

大连永盛印业有限公司印刷

幅面尺寸：170mm×240mm　字数：176千字　印张：12.5

2022年10月第1版　　　　　　　　2022年10月第1次印刷

责任编辑：李　季　徐　群　刘东威　责任校对：吉　扬

封面设计：原　皓　　　　　　　　版式设计：原　皓

定价：42.00元

前言

　　随着全球迈向服务主导的经济体制，服务已经成为制造业获取竞争优势的重要手段，绿色和低碳也已成为全球经济、社会、生态发展转型的基本指导原则与重要评判标准。其中，制造业的碳减排是碳达峰和碳中和目标实现的重中之重。作为世界制造大国，我国制造业承载着推动社会进步与拉升经济发展的关键作用，然而我国制造业长期秉承快增长、高排放和广投入的发展模式，面对产能过剩的产业结构调整态势及行业发展与社会需求实现对接的产业转型升级重担，发展态势不容乐观。制造企业作为制造业的微观主体，是粗放型经济增长的始作俑者，又是市场产品/服务的直接提供者，既要在经济危机和国内劳动力成本上升的双重压力下确保自身生存与发展，也肩负了国家节能减排的使命与产业转型升级的时代责任，推动和实施制造企业服务创新对改善我国粗放型经济增长模式能够产生"以点带面"的辐射效应，使制造企业切实迈向新型工业化之路，促进制造业产业升级优化，建设资源能源节约型、环境友好型社会。因此，本书以我国制造企业作为研究对象，以识别制造企业服务创新的影响因素作为切入点，以促进制造企业服务创新发展作为目标，结合实证分析深入挖掘"双碳"目标下制造企业服务创新的影响和演化机理，为促进我国制造企业服务创新发展提供对策建议。

第一，确定了制造企业服务创新发展研究的理论框架。从制造企业服务创新的内涵、特征、参与主体及相关理论辨析出发，通过对制造企业服务创新相关理论分析和比较，遴选出组织行为理论、服务主导逻辑理论、新制度主义理论、可拓理论等理论，遵循"影响因素的识别'点'→影响机理的作用'线'→演化机理的规律'面'→评价的反馈'体'"的研究脉络和构建了制造企业服务创新发展研究的理论框架，对涉及内容加以解读。

第二，识别了制造企业服务创新的影响因素。综合运用调研访谈与扎根理论研究方法，密切结合我国制造企业服务创新实际情境，遵循扎根理论编码过程与理论饱和度检验等步骤识别制造企业服务创新的影响因素。以第2章经典理论为基础，二次提炼为个体层面、企业层面和制度层面三个层面的影响因素，建立制造企业服务创新影响因素的典型关系结构。

第三，分析和验证制造企业服务创新的影响机理。在识别出影响因素的基础上，遵循假设提出和假设验证的研究逻辑，构建了制造企业服务创新影响机理的概念模型，运用结构方程模型和多元回归方法从个体层面、企业层面和制度层面的因素验证其对制造企业服务创新影响的显著性程度，为后文提出促进制造企业服务创新发展的对策建议提供理论基础。

第四，分析和验证制造企业服务创新的演化机理。从组织生态学视角对制造企业服务创新演化的内涵、特征及构成要素等相关内容进行剖析，构建了制造企业服务创新演化的理论模型。遵循假设提出和假设验证的逻辑研究，运用演化博弈方法和仿真方法验证个体层面、企业层面和制度层面三方主体的演化过程，挖掘不同层面主体间行为选择对制造企业服务创新演化决策的影响，揭示制造企业服务创新演化的内在机理。

第五，构建了制造企业服务创新发展水平评价体系。延续从个体层面、企业层面和制度层面构建能够切实反映制造企业服务创新发展水平的评价指标体系，运用DS-SEW-FCE综合评价方法构建制造企业服务创新发展水平的评价模型，选取海尔集团作为对象作出评价。

第六，提出了"双碳"目标下促进我国制造企业服务创新发展的对策建议。依据书中各个部分的研究成果，从个体层面、企业层面和制度层面三个层面提出了促进我国制造企业服务创新发展的对策建议。

本书的出版得到了黑龙江省博士后基金（项目编号：LBH-Z20116）、东北农业大学青年才俊计划（项目编号：20QC26）、黑龙江省经济社会发展重点课题（项目编号：20309）以及东北农业大学经济管理学院的资助与支持，在此深表谢意。

本书在这方面的研究也仅仅是一次努力的尝试，书中内容难免挂一漏万，欢迎同仁们批评指正！

付静雯

东北农业大学经济管理学院

2022年9月

目录

1 导论

绿色和低碳已成为全球经济、社会、生态发展转型的基本指导原则与重要评判标准。《中共中央 国务院关于完整准确全面贯彻新发展理念做好碳达峰碳中和工作的意见》指出，实现碳达峰、碳中和，是以习近平同志为核心的党中央统筹国内国际两个大局作出的重大战略决策，是着力解决资源环境约束突出问题、实现中华民族永续发展的必然选择，是构建人类命运共同体的庄严承诺。其中，制造业的碳减排是碳达峰和碳中和目标得以实现的重中之重。作为世界制造大国，我国制造业承载着推动社会进步与拉升经济发展的关键作用，然而我国制造业长期秉承快增长、高排放和广投入的发展模式，面对产能过剩的产业结构调整态势及行业发展与社会需求实现对接的产业转型升级重担，发展态势不容乐观。因此，本书主要围绕"双碳"目标下我国制造企业服务创新发展的问题进行深入研究，力图为我国制造企业服务创新发展提供有建设性的对策建议。作为开篇之论，本章首先结合我国制造企业发展的现状，介绍"双碳"目标下制造企业服务创新发展研究的背景与意义，然后介绍研究定位与思路、研究内容与方法。

1.1 研究背景与意义

1.1.1 研究背景

自人类进入工业文明时代以来,不论是世界强国的鼎盛衰落还是我国追赶工业强国的大步迈进,都印证了制造业是一个国家得以强大的基石。长期以来我国制造业持续以消耗生态环境的代价大规模扩张,处于价值链的中低端,国家在经济高速增长的同时,也背负了巨大的生态责任。从国际方面来看,绿色发展已成为当今世界各国的共识。据国际能源署统计,中国已经超过美国,成为碳排放量最多的国家,且全球超过30%的碳排放来自制造企业,而服务型制造的本质就是实现产业结构优化,以达到节能减排的目标。2022年3月,国务院总理李克强在第十三届全国人民代表大会第五次会议上作政府工作报告,提出有序推进碳达峰和碳中和工作、落实碳达峰行动方案、推动能源革命和推进能源低碳转型等系列举措。为了响应国际社会对低碳发展的要求,把握全球产业结构升级和服务化转型的现状和应对制造业发展的需求,习近平总书记明确指出遵循"智能化、高端化、服务化、绿色化"的目标推动我国向制造强国迈进。《中国制造2025》中指出,要促进制造与服务的融合,稳步促进服务创新和商业模式创新,加快传统型制造转向服务型制造的步伐,要求将创新摆在制造业发展全局的核心位置,特别指出制造业服务化与制造业转型升级密切相关,有助于推动制造业节能减排,实现绿色发展,也有助于提升制造业的劳动生产力。制造企业在服务化转型阶段,创新是其根本源泉,也是保持企业竞争优势的主要手段。因此,服务创新已经成为解决问题的出发点与根本动力。

纵观全球制造业发展历程,从美国开展APM计划到德国实施《高技术工业2020》再到我国提出的《中国制造2025》,都指明了制造业未来的共同发展目标就是推进服务型制造或开展服务创新。服务创新为提升制造业创新水平、提高制造业劳动生产效率提供了不竭动力,对于价值链高端化延展和提升、增加产品附加值、提升全要素生产率以及扩充市场占有率均提供了有力支持，也是全球制造业达成统一共识的关键原因。相较于传统创新，服务具有客户依赖、难以复制等特点，导致服务创新表现出许多异于传统创新的特性。调查显示，德勤在《基于全球服务业和零件管理调研》中调研了80家制造企业，结果表明服务收入均值占总销售收入的比例超过26%，平均服务净利润贡献率达到46%且边际收益超过10%，而传统产品的利润仅为3%，边际平均收益不超过1%。全球经济发展进入新的发展机遇期，开始逐渐向智能化、绿色化和服务化转变，特别是服务型制造已经迈向了高速发展阶段，服务业务帮助制造企业获取可持续性收益，制造企业通过原有技术优势与及时可靠的供给能力，高效完成客户个性化的偏好。面对愈演愈烈的国际竞争环境，应对产业结构调整的挑战和产业转型升级的机遇，不同行业的制造企业都开始关注一个重要的战略问题：如何在制造业转型升级中使企业成功实现服务创新。促使企业进行这种战略思考的因素有很多，如核心产品的同质化、客户需求的个性化等，这需要制造企业从深入挖掘客户偏好、利用企业内外部知识能力等资源、把握当前政策导向等多个方面协力推进，充分利用我国制造业当前的规模优势，改变粗放型经济增长模式，促进制造业产业升级优化，发展制造业可持续竞争优势，建设资源能源节约型、产业效能优化的良性循环，在真正意义上实现从"传统经济"迈向"服务经济"、从"中国制造"迈向"中国创造"的阶段性转变，对制造企业攻克服务创新难题以实现可持续发展具有重要的战略意义。

制造企业服务创新的发展关系到制造企业转型升级和国家碳达峰和碳中和战略目标的实现，虽然我国服务型制造发展取得了一定成效，但是就总体而言仍处于服务产出水平较低、服务创新认识和动力不足、服务创新模式和路径不明确的阶段，存在多种资源匮乏且信息化水平受限、制造企业服务创新的发展政策和制度环境不完善等一系列现实问题。制造业的微观表现主体，即制造企业——作为绝大多数产品的直接提供者、可持续竞争优势的直接实施者，面临着现实生存和创新发展的客观难题，也承担着响应国家低碳号召的责任与义务。制造业开展服务创新活动已经成为制造业竞争优势的核心动力，也是大势所趋，实现制造企业的转型升级发展，切实提升企业自主创新能力，带领制造企业走服务化转型之路，带动企业向价值链高端化迈进，切实促进制造企业服务创新发展，政府决策单元、企业高层管理人员以及科研工作者协力攻关，共同攻克顽疾。基于此，本书以我国制造企业作为研究对象，紧密结合我国制造企业本土化情境，深入剖析制造企业服务创新的发展过程及规律，以期为"双碳"目标下我国服务创新的发展提供理论参考和行动指向，寻求生态环境与经济利益之间的联动机制，有效推进我国制造业的可持续发展，切实实施制造业服务创新战略，以提高制造业总体国际竞争力。

1.1.2 研究意义

经过上述分析可以得知，我国正处于产业结构调整升级的重大历史机遇时期和经济体制转型的重要节点，而制造企业作为社会经济的主要载体，理应在环境保护和经济转型过程中承载其重要使命。然而，现阶段制造企业仍处于价值链中低端水平，《2022年国务院政府工作报告》中指出，要促进制造与服务的融合，稳步促进传统型制造转向服务型制造的基本步伐。可见，对"双碳"目标下制造企业服务创新发展的研究，不仅能够扩充研究中的理论框架以提升其理论价值，还能够落地于实践，为政府决策单元及企业高层管理人员提供有益借鉴，以增强实践效果。

一、理论意义

服务创新是制造企业实现转型升级的原动力之一，也是制造业实现碳减排的重要手段。但现阶段我国对服务创新的研究起步尚晚且相对滞后，研究多数集中于第三产业，而对"双碳"目标下制造企业服务创新的研究仍有许多空白亟待填补，因此探索"双碳"目标下我国制造企业服务创新发展具有较好的理论意义。本书基于国内外的研究对制造企业服务创新内涵、本质特征、影响因素等基本问题进行深入探讨，植根于我国制造企业服务创新的本土化研究特点，参考国内外的经典研究，采用扎根理论、服务主导逻辑理论、权变理论、可拓理论和演化博弈理论等作为基础，联合多学科体系的研究方法与理论，从探索提出问题、分析问题及解决问题的新角度，构建"双碳"目标下制造企业服务创新发展研究的理论框架，遵循"影响因素的识别'点'→影响机理的作用'线'→演化机理的规律'面'→评价的反馈'体'"这一研究脉络研究我国制造企业服务创新发展，进一步拓宽和充实制造企业服务创新的理论研究范畴，也为今后的相关研究提供有益借鉴和理论基础。

二、现实意义

在新一轮科技革命和产业变革的背景下，为实现中国制造业由大变强的战略性转变，我国将发展服务型制造业作为制造业发展的一项战略性任务。与发达国家相比，中国制造业无论是在自主创新程度、创新发展水平还是服务化水平方面，都存在一定的差距。因此，对我国制造企业服务创新的研究既有助于制造企业的结构优化，实现制造企业的节能减排和转型升级，实现国家碳达峰和碳中和战略目标，还能够有效提升我国制造企业的劳动生产率，符合我国实际国情，具有较重要的现实意义。第一，研究识别出"双碳"目标下制造企业服务创新的影响因素，探讨制造企业服务创新的可行思路，实证验证了服务创新影响机理模型，为评价制造企业服务创新发展水平提供了一套系统科学且有效的方法体系，有利于整体控制我国制造企业服务创新过程，有利于发现存在的问题；第二，研究明确了在不同层面影响因素的共同作用下制造企业服务创新的演化机理，揭示主体间相互作用推动制造企业服务创新演化的路径和规律，明确了制造企业服务创新演化的内在机理，有助于找出促进制造企业服务创新发展的有效举措；第三，依据研究结果提出对策建议，助力"双碳"目标下制造企业服务创新发展和服务化转型升级，提升和优化制造企业核心竞争力，为政府决策单元的政策制定和企业高层管理人员的决策参考提供指向。

1.2 研究定位、思路、内容与方法

明确了"双碳"目标下制造企业服务创新研究的背景和重要意义，本节主要介绍制造企业服务创新的研究定位与思路、研究内容与方法。

1.2.1　研究定位

本书定位于明确"双碳"目标下我国制造企业服务创新发展的内在过程及逻辑，切实提出一套促进我国制造企业服务创新发展的对策建议，为加快我国制造企业服务创新发展及转型升级提供有益借鉴。本书通过对制造企业服务创新的相关基础概念的分析，辅以国内外服务创新方面的基础理论，明确"双碳"目标下制造企业服务创新发展研究的理论框架；通过扎根理论质化研究方法，明确个体层面、企业层面和制度层面因素对制造企业服务创新的影响；通过建立制造企业服务创新影响机理的概念模型，明确各个层面影响因素对制造企业服务创新的影响机理；通过组织生态演化与制造企业服务创新演化的类比研究，明确制造企业服务创新过程中不同层面主体间共同演化规律，揭示制造企业服务创新演化的内在机理；通过构建"双碳"目标下制造企业服务创新发展水平评价模型及实证分析，发现当前制造企业服务创新发展的薄弱之处，以提出有助于我国制造企业服务创新发展的相关对策建议，为我国制造企业冲破资源和环境约束、由生产型制造向服务型制造蜕变提供长期的竞争优势和行之有效的应对策略，为培育我国制造企业转型发展和经济增长方式的转型升级提供理论参考和实践依据。

1.2.2　研究思路

本书遵循提出问题、分析问题、解决问题的逻辑顺序，依照基础性研究、系统性研究、实践性研究的思路，在系统归纳和分析国内外关于制造企业服务创新发展研究的基础上，按照"影响因素的识别'点'→影响机理的作用'线'→演化机理的规律'面'→评价的反馈'体'"的研究脉络展开"双碳"目标下制造企业服务创新发展研究。第一，通过分析"双碳"目标下制造企业服务创新基本问题明确内涵、特征及相关理论分析，确定了制造企业服务创新发展研究的理论框架；第二，在基础性研究的基础上开展系统性分析，以识别"双碳"目标下制造企业服务创新的影响因素，采用扎根理论方法找出影响制造企业服务创新的主要因素及各因素之间的典型关系结构，并对应三个研究层面；第三，结合影响因素识别结果与组织行为理论、服务主导逻辑理论、新制度主义理论、可拓理论等基础理论，探讨不同层面因素对制造企业服务创新的影响机理；第四，结合影响因素及影响机理的研究，从组织生态学视角对制造企业服务创新演化的内涵、特征和构成要素等相关理论进行剖析，基于主体博弈视角挖掘不同层面主体间行为选择对制造企业服务创新的演化决策路径及其演化的内在机理；第五，继续从个体层面、企业层面和制度层面来构建能够切实反映制造企业服务创新发展水平的评价指标体系，运用DS-SEW-FCE综合评价方法构建制造企业服务创新发展水平的评价模型，选取海尔集团作为对象进行评价；第六，为促进"双碳"目标下我国制造企业服务创新发展提供对策建议。

1.2.3 研究内容

本书依照提出问题、分析问题、解决问题的逻辑顺序进行研究，共分为三个部分。研究框架图如图1-1所示。

第一部分是基础性研究，包括第1～3章。该部分主要包括导论、文献综述及"双碳"目标下制造企业服务创新发展研究的理论框架构建。该部分将国内外学者对制造企业创新、服务创新内涵、影响因素、演化和评价等方面的相关文献进行了梳理、归纳和评述，为后续研究提供理论基石。通过分析制造企业服务创新基本问题明确内涵、特征及相关研究视角、理论基础等，构建"双碳"目标下制造企业服务创新发展的研究理论框架。

第二部分是系统性研究，包括第4～7章。该部分主要是围绕"双碳"目标下制造企业服务创新发展的具体研究过程展开的，包括影响因素、影响机理、演化机理和发展水平评价四个部分。首先，基于对制造企业服务创新的内涵等概念的辨析，运用扎根理论方法展开研究，遵循扎根理论研究步骤从开放式编码、主轴式编码到选择式编码等迭代以明确制造企业服务创新影响因素，即明确影响因素的主范畴及各层面范畴，构建主次范畴间相互作用的理论模型，根据研究基础部分的相关理论将影响因素划分为个体因素、企业因素和制度因素三个层面，为进一

"双碳"目标下制造企业服务创新发展研究

| 研究思路 | 研究内容 | 研究方法 |

"双碳"目标下制造企业服务创新发展研究的理论框架建立

| 制造企业服务创新的相关概念界定 | 制造企业服务创新研究的相关理论分析 | 制造企业服务创新发展研究的理论框架 |

基础性研究

文献研究法

"双碳"目标下制造企业服务创新的影响因素识别

| 个体层面 | 企业层面 | 制度层面 |

"双碳"目标下制造企业服务创新的影响机理研究

实证分析　实证分析

| 个体层面因素对制造企业服务创新的影响 | 企业层面因素对制造企业服务创新的影响 | 制度层面因素对制造企业服务创新的影响 |

"双碳"目标下制造企业服务创新的演化机理研究

组织生态学　演化博弈

| 制造企业服务创新演化机理的理论模型 | 三方主体(个体、企业、制度) | 制造企业服务创新的演化机理分析 |

"双碳"目标下制造企业服务创新发展水平的评价研究

| 评价指标体系建立 | 评价方法选取 | 评价模型构建 | 实证分析 |

系统性研究

专家访谈法

问卷调查法

扎根理论分析法

结构方程模型

多元回归方法

演化博弈理论方法

定性与定量结合分析法

DSF 综合评价模型

"双碳"目标下促进制造企业服务创新发展的对策建议

| 个体层面的对策建议 | 企业层面的对策建议 | 制度层面的对策建议 |

实践性研究

定性分析法

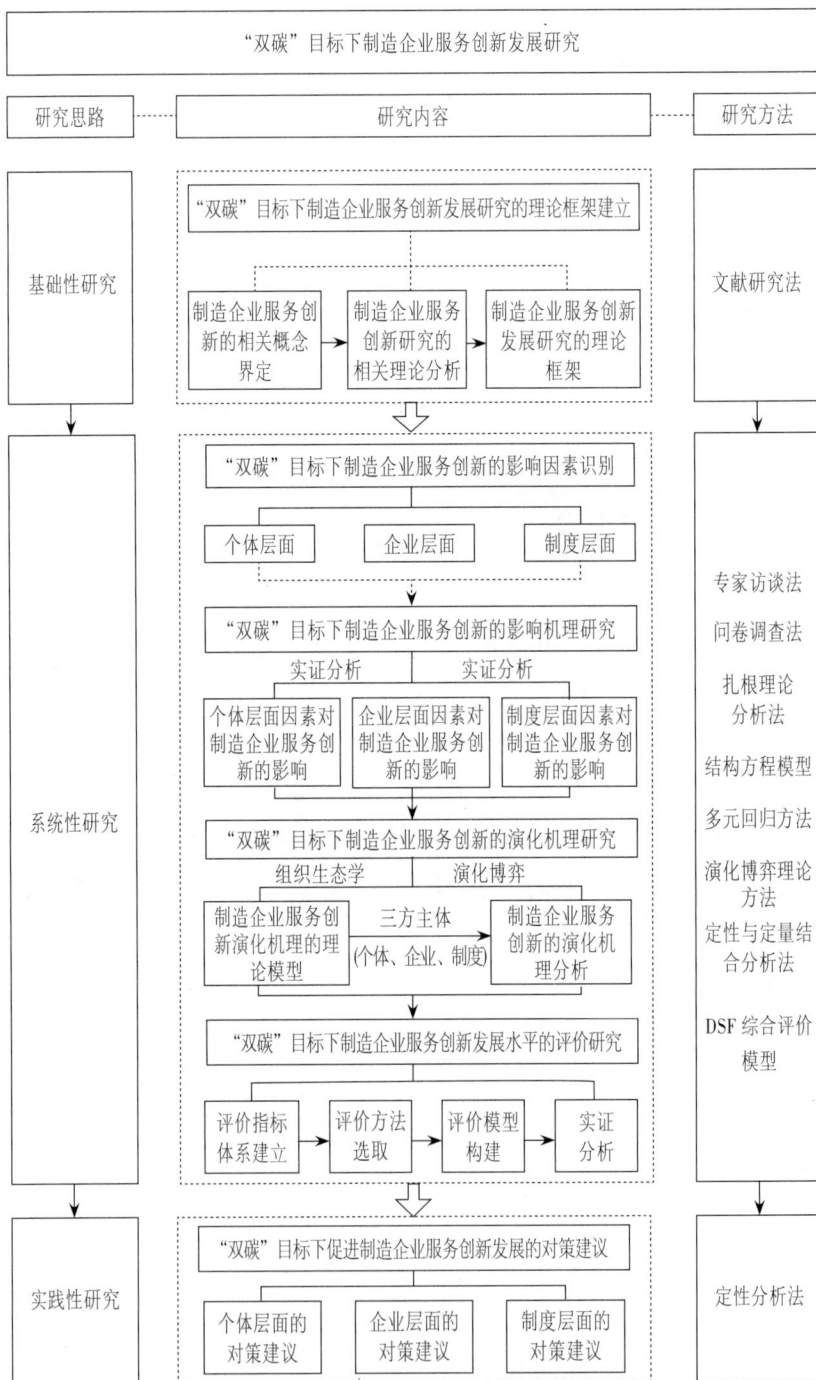

图 1-1　研究框架图

步研究影响机理作出奠基。其次，基于扎根理论的研究展开进一步探讨，第5章结合组织行为理论、服务主导逻辑理论、新制度主义理论、可拓理论等基础理论，明确了制造企业服务创新的影响机理的概念模型，运用多元回归方法对模型进一步验证；第6章从组织生态学的视角对"双碳"目标下制造企业服务创新演化的内涵、特征和构成要素等相关理论加以剖析，构建了制造企业服务创新演化的理论模型，发现了制造企业服务创新演化受到个体层面、企业层面和制度层面因素的综合影响，根据演化博弈理论构建三方主体博弈模型揭示制造企业服务创新演化机理和不同层面主体间行为选择对制造企业服务创新决策的演化路径及规律；第7章根据第4~6章的研究结果，继续从个体层面、企业层面和制度层面来构建"双碳"目标下制造企业服务创新发展水平的评价指标体系，找出制造企业服务创新发展的薄弱环节，为促进制造企业服务创新发展提供依据。

第三部分是实践性研究，包括第8章。该部分主要是提出"双碳"目标下促进制造企业服务创新发展的对策建议，目的是有针对性地解决实际问题。从个体层面、企业层面和制度层面提出了"双碳"目标下促进我国制造企业服务创新发展的对策建议，为我国制造企业实现碳达峰和碳中和战略目标、服务化转型升级及促进企业服务创新的发展提供助力。

1.2.4 研究方法

对"双碳"目标下制造企业服务创新展开研究，需要综合运用多种研究方法，采取定性分析和定量分析相结合的方式，才能既达到理论水平的要求，又为管理实践提供数据支持与客观依据。

第一，质化研究方法。文献研究法是通过广泛收集和查阅与制造企业创新、企业服务创新、企业服务创新影响因素等相关的文献和资料，有序整理归纳国内外相关文献，对文献进行编号归类、整合归档和总结入库，凝练出文献中的共同点与不同点，整理有助于研究的理论观点和实践经验；扎根理论分析方法是将从资料中产生的概念进行比较并建立联系，经过对受访者多次的深度访谈而获取的原始资料，按照扎根理论编码步骤（包括开放编码、主轴编码、选择编码和饱和度检验等）循环反复，最终得到"双碳"目标下制造企业服务创新影响因素的典型关系结构。本书主要通过质化研究方法（包括文献分析法、扎根理论等）识别制造企业服务创新的影响因素，为制造企业服务创新发展研究奠定基础。

第二，实证研究方法。多元回归分析法是根据理论和实际的需要对两个或多个模型进行比较，即根据模型所解释的变异量差异来比较所建立的多个模型。若一个模型解释的变异量越多，则它对数据的拟合就越好。结构方程模型是一种融合了因素分析和路径分析的多元统计技术，具有能够同时处理多个因变量，容许自变量和因变量含有测量误差，也具有估计因子结构和因子关系等优势。本书在质化定性分析的基础上运用多元回归分析法和结构方程模型实证分析了制造企业服务创新的影响机理，为验证"双碳"目标下制造企业服务创新影响机理的理论假设和概念模型以及相应对策建议的提出奠定基础。

第三，实验研究方法。演化博弈方法综合了演化理论与博弈理论的优势，在解决管理学问题时具有更明显的优势，该方法以有限理性假设作为研究基础，对"双碳"目标下制造企业服务创新的演化过程展开研究，不同于普遍的双主体博弈模型，模型中包含三个主体能够更加全面且系统地实现理想决策；数值仿真方法主要通过 Matlab 数值计算或进行图像呈现的直观方法，对演化博弈理论假设以及主体博弈稳定策略的正确性和科学性加以验证，对人工设置数值情境下演化主体间决策的演化稳定趋势以图像模拟方式呈现，使研究结果得以清晰直观地表达。本书运用演化博弈方法和数值仿真方法分析了主体间相互作用推动"双碳"目标下制造企业向服务创新演化的路径和规律，为相应对策建议的提出奠定基础。

第四，评价研究方法。评价研究方法是评估社会某一计划或成果的效果及发展水平等方面的应用性研究。结构熵权法是一种基于熵理论的将主观赋权法与客观赋权法结合应用以确定指标体系权重的新方法；模糊综合评价方法是通过模糊数学衍生而来的综合评价方法，具有逻辑性和系统性等特点，对解决模糊或难以量化的问题具有良好的效果。本书提出了 D-S 证据理论、结构熵权法和模糊综合评价方法三种方法相结合的 DSF 综合评价模型，该模型在充分利用了结构熵权法中主观赋权法与客观赋权法相结合的优势，依据模糊综合评价方法对制造企业服务创新发展水平进行评价，判定各个指标对服务创新的影响程度，联合证据理论在处理不确定问题的有效性、增强结果的可靠性与客观性的基础上，进一步提出促进制造企业服务创新发展的对策建议。

2 文献综述

2.1 国外相关文献综述

2.1.1 企业服务创新内涵的相关研究

随着全球经济的转型升级，服务创新已经成为创新研究领域的新热点。国外对服务创新的研究始于 20 世纪 80 年代初期，主要基于"熊彼特创新理论"衍生发展而来，由于服务的无形性、难以存储等特点，加之学者们对服务创新的研究视角各有不同，导致学术界对其内涵尚未形成统一的界定。表 2-1 给出了国外关于不同研究视角下服务创新概念的分类。

国外早期对服务创新的研究多数沿用了制造业技术创新的研究思路和研究方法，甚至将技术创新领域的研究成果直接应用到服务创新领域，以产品视角辨析服务创新的内涵，20 世纪末期欧洲服务业创新课题组调研欧洲服务企业发现，服务创新是指新的或改进的产品或服

表2-1 　　　　　　　　　国外不同研究视角下服务创新概念的分类

服务创新概念	代表人物
熊彼特创新理论	Wietze 和 Tom，2002；Blazevic 和 Lievens，2008；Marja 和 Tiina，2006；Paton 和 McLaughlin，2008
服务业本质特征	Gadrey、Gallouj 和 Weinstein，1995；Sundbo，1997；James，2000
知识管理	Thorsell，2007；Kumar 等，2007；SundboJ 等，2008；Gebauer，2008
技术创新演变	Santamar 等，2011；Ceci 和 Prencipe，2008；Eisingerich 等，2009

务，对现有的服务或技术作出新的应用。21世纪初期，学者们从广义角度界定了服务创新，认为服务创新是运用一种新的运营方式和新的管理思想等实现企业经营目标，将新服务与生产流程相结合且要求客户积极参与到创新过程中。随后，一些学者从服务价值的角度对服务创新的内涵作出了新的理解，认为服务创新是客户沟通方式、服务交付或服务概念发生转变的过程，由这些改变产生一种或多种新的市场服务功能，指出服务创新可能包括客户参与、新服务组合等方式。服务创新是将有效的且未经利用的服务引入到企业的运营过程中，且帮助其完成价值实现的流程，其内涵涵盖了社会、经济、技术等多个方面。从社会视角来看，服务创新是指深入剖析人类潜在价值进而改善或提高生存环境及生活质量的一种活动；从经济视角来看，服务创新是以非物质制造方式提升产品或服务附加值的一种经济和创新活动；从技术视角来看，服务创新是旨在高效达成自然人生活需求的一种软技术创新活动。还有一部分学者认为，服务创新是有目的性地对服务要素进行动态变革，源于企业为效益提升创造的新市场价值和服务质量的提升，或应用于某一指定客户和特定情况的服务方案转嫁到其他客户和问题上的一种创新方式。总体来看，服务创新内涵的表述略有差异，但是所表达的内容既包含了创新的特征，又高度涵盖了服务自身的属性。学者们共同认可的内涵主要强调将一种新的设想或技术手段转变为新的满足人类需求的服务方式，但服务创新的研究视角不同限制了该概念的研究与推广，其定位模糊致使相关研究较为分散，从而导致对服务创新的学习和探索进展缓慢。

2.1.2　企业服务创新影响因素的相关研究

从创新资源投入等方面的服务特性视角研究企业服务创新的影响因素。组织资源的投入在服务创新的各个阶段都十分重要，甚至是创新状态尚未明确的时期。创新资源的投入直接影响服务创新效果，严密的计划安排、人员支持和技术知识支持都是服务创新成功的基本资源要素。时间、人员和资金等资源的投入对服务创新也具有重要作用，企业想要获得服务创新往往是在创新资源方面得到了充分的保障。制造企业的服务创新行为在多数情况下是非计划性的，是为了应对市场、客户等偶发变化而被迫进行的变革。要实现服务创新成功，势必会经历来自企业、员工和服务技术资源等方面的问题和障碍，这些问题在服务创新的不同阶段表现不尽相同。

从企业内部组织视角研究服务创新的影响因素。在服务创新过程中，企业使用的信息来源包括客户、内部生产部门、员工和管理者等。在高度不确定性环境下，一个强调新知识学习的企业将对服务创新产生重要的促进作用，而且拥有较高的市场资本能够帮助企业的服务创新达到成功。合作学习对服务创新成功也具有直接影响，信息和通信技术在获得最大程度的客观和感知结果方面具有调节作用。Nader等（2015）利用服务价值创造能力评价企业服务创新，发现二者之间有较强正相关关系，其中服务价值创造能力涵盖了战略能力、管理能力、经营能力和适应能力四个方面。Jung等（2016）建立了基于服务主导逻辑和赋权视角的研究模型，通过多个案例发现一线员工的共同创造对服务创新有着关键影响。Mario等（2016）基于期望理论和社会交换理论探讨了员工感知外部声誉与他们参与服务创新实施的意愿，来自部分德国和美国一线服务员工的数据显示，外部声誉和服务创新实施行为之间的联系是由预期的声誉收益和预期的积极结果所传递的。

从企业外部视角研究服务创新的影响因素。研究发现，提供客户关系的关系取向是其服务创新的主要驱动力，为了让客户发挥其在创新过程中的作用，企业应在组织要素方面作出相应变动，以适应客户需求为首要目的，避免客户参与过程中与组织目标出现冲突，也能够进一步提升客户价值。环境因素和政府支持对企业创新均有显著的正向影响。Samuel 等（2016）试图用一个包括服务创新、复杂性和可持续性三个关键概念的理论框架对复杂服务体系中的服务创新进行评估，以新加坡的公路交通为例，发现社会环境对服务创新有一定程度的影响。除此之外，外部感知风险是影响企业服务创新的重要因素，定性分析了不同风险类型对不同消费者的设置情况，进一步强调外部感知风险使消费者产生心理上的恐惧从而对以技术为基础的服务创新产生影响。

2.1.3　企业服务创新评价的研究

在服务创新评价指标体系构建方面的研究初期，研究者主要借鉴传统制造业技术创新指标，如1993年欧洲第五次创新调查（CIS），采用了"R&D、专利、高技术产品和科技支出"等指标。在随后的研究中逐渐采用能反映服务特性的指标，如 Kenerva 等（2006）完成了第一份为欧洲商业服务部门开发的创新指数报告，选取了人力资源、创新需求、技术知识、知识来源、商业化程度和知识产权等因素作为衡量指标。研究起步阶段所构建的服务创新评价指标体系是站在国家发展的研究视角，未能体现行业自身特点，指标针对性较弱且颗粒度较大。随着研究的深入，学者们逐渐将研究细分为针对特定行业、特定地区或某一企业开展的服务创新评价研究。例如，部分学者借助 CIS-4和 FBS 的数据得出欧洲服务业的创新指数用以衡量行业的创新程度，结果表明，就国家总体创新而言，服务创新相较于传统技术创新能够产生更好的驱动作用。Cruysen（2008）基于服务业创新的失败案例进一步评价分析原因，发现服务创新的评价指标体系应着重考察行业内的竞争环境、除技术创新之外的行业资源以及行业知识产权保护等核心因素。Ming 等（2015）提出了一种定性与定量相结合的混合评价方法，以改进服务创新中的选择决策，结果表明，该方法容易且有效地适应标准的增益和损失函数，可以帮助从业人员降低企业服务创新风险。

2.2 国内相关文献综述

2.2.1 制造企业创新的相关研究

对制造企业创新影响因素和创新能力的研究。周文泳等（2012）以节能减排为前提分析了制造业商业模式创新的作用过程和影响因素等方面，并着重探讨了低碳背景下商业模式创新的难点，结果表明制造业想要实现商业模式创新，可以对价值链进行重组，构建逆向供应链或采用建立技术壁垒的模式开展创新。徐建中等（2014）应用扎根理论以探究驱动装备制造企业实施环境技术创新行为的深层次因素，发现创新意愿、创新态度、主观规范、知觉行为控制四个主范畴对环境技术创新行为存在显著影响。王喜刚等（2016）基于资源基础观的视角，对174家工业制造企业进行实证研究，发现企业绩效受到组织及技术创新的双重影响，以及组织创新其中一个维度的调节作用。王俊雄等（2016）发现促进制造企业创新能力，需要正确识别对激发企业创新产生影响的关键因素和行为模式，在考虑外部环境不确定性的同时，将企业创新行为的研究扩展至企业不确定性规避文化维度，考察企业不确定性规避态度以及外部环境不确定性对企业创新行为的影响。肖远飞等（2017）运用2005—2014年我国西部地区11个省市的面板数据，对我国嵌入全球生产网络的西部制造业创新能力进行实证检验，结果表明参与全球生产网络对我国西部制造业创新能力提升存在显著的正向驱动，但影响力较弱，R&D人员投入规模、市场自由度和行业集中度可以显著提升我国西部制造业创新能力，但R&D经费投入规模和出口密集度对创新能力的影响不显著。

2.2.2 企业服务创新内涵的相关研究

尽管国内许多研究人员已经将研究视角转向服务创新，但相较于国外已有的多角度且多样性的研究成果，国内现阶段有关服务创新的理解远低于技术创新。多数对于服务创新的理解仍停留在技术创新活动分析基础上，将技术创新理论运用到服务创新的研究中，并不能完全揭示其规律，可见业界对于服务创新的理解仍十分局限，对于服务创新理论与实践的扩展正当时。目前，国内学者关于服务创新的内涵尚未形成统一的认识。从创新的无形性、创新的新颖度范围、创新形式的多样性、创新的顾客导向性、创新的适用范围等方面解读服务创新的内涵，发现这是一种过程性且客户参与创新，针对企业层面的创新现象。服务创新被定义为是有别于传统制造业创新的颠覆式创新，其内涵较制造业创新要复杂得多，无论是创新内容还是创新过程都在一定程度上有别于制造业创新，与技术创新相比更加烦琐而且其内容更为丰富，蕴含了复杂的内外部交织的层级与作用关系。部分学者认为服务创新的内涵无法统一的原因可能在于服务创新的范畴难以明确，有多种诱发因素，所以从产品和价值视角对服务创新的内涵作出了界定。由于制造企业资源配置效率低等特点，基于服务科学理论，可将现代服务环境下制造服务创新概念定义为围绕制造的服务和制造向服务的延伸。作为制造企业经营战略的重要组成部分，服务创新是制造企业以顾客为中心，为顾客创造更多价值，获得竞争优势决策的过程。部分观点将服务创新概念分为狭义和广义两个方面，其中狭义服务创新主要描述服务业经营过程中所产生的创新性行为，而广义服务创新是以所有行业作为描述对象，是对应行业中所有与服务有关的创新行为的整体描述。

2.2.3　企业服务创新影响因素的相关研究

国内有关服务创新影响因素的研究主要围绕其外部主体展开。供应商适时参与对服务创新起到促进作用，供应商从不参与到完全参与服务创新的过程中，随着供应商参与的深度与频率不断提高形成了一个连续谱线。服务供应链整合对服务创新也有一定的影响作用。市场研究活动执行品质对偏向技术型的服务创新有明显的促进作用，而对偏向市场型的服务创新促进效果并不明显。高顺成（2013）通过Probit模型分析企业内部创新环境是否影响服务创新，企业内部创新激励、高管服务创新意识和奖惩制度对企业服务创新具有十分强烈的影响，而服务创新战略、成熟的服务创新团队、培养员工创新能力等因素对企业服务创新的影响相对较弱。崔兴文等（2017）以制造企业作为研究对象，在开放式创新理论的基础上，发现客户通过不同的参与方式（合作、直接提供、独立创新）能够对企业服务创新产生正向影响，进而提高制造企业投入和产出方面的绩效。谢凤华等（2017）站在服务补救视角展开研究，发现在这一情境中企业和顾客参与服务创新均会对企业服务创新产生正向影响。师建华等（2018）以我国中小物流企业作为研究对象，通过对行业现状作出简要评述，从企业内外部分别找出影响物流企业服务创新的影响因素，其中外部因素包括政策支持、市场机制与需求、社会创新体系，内部因素包括企业家创新精神、内部制度、创新资源和创新收入。

2.2.4　企业服务创新演化的相关研究

国内关于企业服务创新演化的文献主要以行业为切入点或从演化过程、演化特征视角进行分析。其中，从行业视角对企业服务创新演化进行研究，如陈放（2017）基于协同演化的理论架构，分析了支付行业内金融服务创新与技术信息能力之间的协同演化关系以及演化过程中的路径和动力方式等。姜松等（2017）研究发现新时代农业规模经营和金融服务创新二者之间的演化方向具有异曲同工之处，两个主体能够从学习机制、互动机制与变异选择机制三个方面借助农业价值链完成演化。从企业演化过程视角对企业服务创新演化进行研究，如2000—2013年我国设计企业在服务创新过程中，服务创新模式演化在不同阶段具有不同的特征，即"独立设计服务""区域集成设计服务""跨界集成设计服务""管理服务"等，不同的演化阶段对应不同的服务创新模式，最终发现服务创新模式演化过程实际可以看作企业服务升级的内部作用原理。部分学者对服务创新演化的特征进行研究，如王琳等（2008）以基础性定性研究为研究方法，给出了软件服务创新的基本演化方式，并建立了与之对应的演化分析架构以及创新各个阶段所对应的特征方式。慕静（2012）对物流企业服务创新构成要素特征进行辨析之后，以此建立了其行为演化的理论框架，并建立物流企业服务创新行为演化阶段中的特征模型并以天津物流园为例加以应用。

2.3 文献述评

国内外学者关于制造企业创新、企业服务创新内涵、影响因素、演化及评价方面的相关研究，为本书开展"双碳"目标下制造企业服务创新研究奠定了丰富的理论基础。但是，纵观现有的相关文献，仍主要停留在技术创新层面上，并未形成聚焦于我国制造企业服务创新的规范化框架，对服务创新影响机理的系统、全面性研究有待深入挖掘，国内关于制造企业服务创新演化模型及仿真方面也亟须进一步探索。总结和归纳国内外研究现状发现，中国制造企业服务创新的相关研究尚处于起步阶段，需要对现有研究中存在的不足展开深入研究。

首先，在研究视角方面，虽然国内外学者对服务创新的描述性研究取得了一定成果，但是研究成果多数聚焦于发达国家，针对发展中国家情景的研究相对较少，专门聚焦于"双碳"目标下中国制造企业服务创新研究寥寥无几。由此可见，在我国制造企业服务创新的研究中，亟须强化其实践性和针对性。此外，由于服务创新数据相对难以获取，国内外有关服务创新的研究以定性假设方式或结合企业案例分析的形式居多，导致我国服务创新领域的研究普遍存在实践说服力薄弱和理论饱和度欠缺等缺陷，甚至将制造业技术创新的影响因素直接套用于我国制造企业服务创新研究中显然失之偏颇，欠缺对我国制造企业的本土化特征和以产业转型升级为发展重点的制造企业服务创新特征的有效考量。

其次，在理论框架方面，现阶段关于"双碳"目标下制造企业服务创新的理论研究框架十分模糊，多数局限于特定层面或单一角度分析，服务创新作为有别于技术创新的初生创新范式，其创新的开展是各个层面联动而产生的结果，不仅是外部环境和多方主体多层刺激而产生的反应能力与企业内生综合实力的有机性融合而获得的产物，因此单一角度难以系统全面地阐释服务创新的内在机理，缺乏综合多样性理论与多层面因素交织作用对制造企业服务创新的系统性研究。

再次，国内外关于服务创新演化的研究多数为企业内部双主体或企业与政府之间的演化，然而企业服务创新对客户的依赖程度高，只研究企业内部主体或企业与政府之间的演化存在一定弊端，特别是对制造企业而言，客户资源等外部因素是决定企业能否顺利开展服务创新以及影响企业服务创新战略决策的关键因素，需要设计更加符合实际的演化模型，深入挖掘各个因素之间的内在演化机理。

最后，在评价研究方面，尽管国内外现有文献关于服务创新能力评价相对丰富，以制造企业为视角评价服务创新的研究相对较少。在调查的数据获取方式上，由于国内关于服务创新评价研究的主要数据均来源于公开数据，服务创新评价过程涉及的定性指标相对较多，导致从企业角度评价制造企业服务创新的研究数量锐减；在建立指标体系方面，现有研究成果倾向于从宏观层面入手，导致指标体系行业颗粒度大、体现服务创新特性的指标十分有限且指标体系的系统性相对薄弱；在确定评价指标权重方面，主观赋权法具有较大的主观随意性而易受专家知识和经验的影响，而客观赋权法没有考虑专家的主观意向，且易受到样本数据影响，合理分配评价指标权重的问题仍有待深入分析。

综上所述，本书认为"双碳"目标下制造企业服务创新发展研究目前仍处于探索阶段，亟须聚焦于制造企业实际情况，包括从制造企业服务创新的影响因素识别、影响机理、演化机理、评价到对策建议的提出，以期对制造企业服务创新发展作出较为系统和深入的研究和有益探索。

3 制造企业服务创新的研究基础及理论框架

本章以我国制造企业作为研究对象，在明晰制造企业、服务创新等相关概念的基础上，对服务创新的概念进行了界定，并从经济学、管理学和社会学视角系统梳理了服务创新的理论，以服务主导逻辑理论、权变理论、可拓理论等作为理论奠基构建"双碳"目标下制造企业服务创新研究的理论框架。

3.1 制造企业服务创新的相关概念界定

3.1.1 制造企业及"双碳"的内涵

"双碳"，即碳达峰与碳中和的简称。2020年9月，中国明确提出2030年"碳达峰"与2060年"碳中和"的目标。碳达峰是指二氧化碳的排放达到峰值不再增长，意味着中国要在2030年前，使二氧化碳的排放总量达到峰值之后，不再增长，并逐渐下降。碳中和是指在2060

年前，中国通过植树造林、节能减排、产业调整等形式，抵消自身产生的二氧化碳排放。长期以来中国制造业持续以消耗生态环境的代价大规模扩张，一直处于价值链的中低端，国家在经济高速增长的同时，背负了巨大的生态责任。可见，制造企业将是完成"双碳"目标的主要战场。

生产制造等经济活动联结着自然人进化历程的每个关键节点，是自然人文明演进和经济推进的不竭动力。自然人充分发挥自身之所长将自然界中的原材料通过特定的手工艺流程或机械自动化流程转变为自然人得以直接利用的产品或工具的过程被称为制造活动。制造企业是自然人开展制造活动的客观承载，也是社会经济增长和发展的主要动力，其定义是为满足社会需求致力于制造活动或主营业务为制造活动且自主经营的独立经济组织。制造企业是以盈利为目标的经济组织，具有一定的物力、人力、财力资源，具有高度消耗原材料和自然资源、高度依赖知识创造、生产性经营活动密等特点。制造企业涉及农副食品加工、酒品、茶叶加工、烟草制造，纺织服装、皮革加工制造，造纸、文教用品、印刷制造，汽车、专用设备、航空航天、铁路等设备制造，金属矿物、非金属矿物、冶金加工制造，石油、化学制品、化工原料等制造相关的30余个行业。综上所述，结合制造企业自身特点以及行业范畴宽泛等特征，企业目前应对的"大而不强"、产能过剩、自主创新能力薄弱等问题尤为明显，需要进一步转型升级。由于制造企业的转型升级和发展亟须应对多重压力，因此本书选取制造企业作为研究对象。

3.1.2 服务创新的概念界定

鉴于服务所涉及的范畴十分宽泛且处于不同行业时所描述的内容、特征和性质等都具有较大分歧，学术界关于服务创新的界定角度也存在一定差异，随着制造企业竞争力逐渐从生产向服务转变，制造企业服务创新备受管理人员和学术界的瞩目，进而涌现出数量庞大的研究文献。服务创新概念的发展脉络，如图3-1所示。制造企业服务创新作为关键研究概念，在其概念界定和理论继承等方面仍尚待明确。

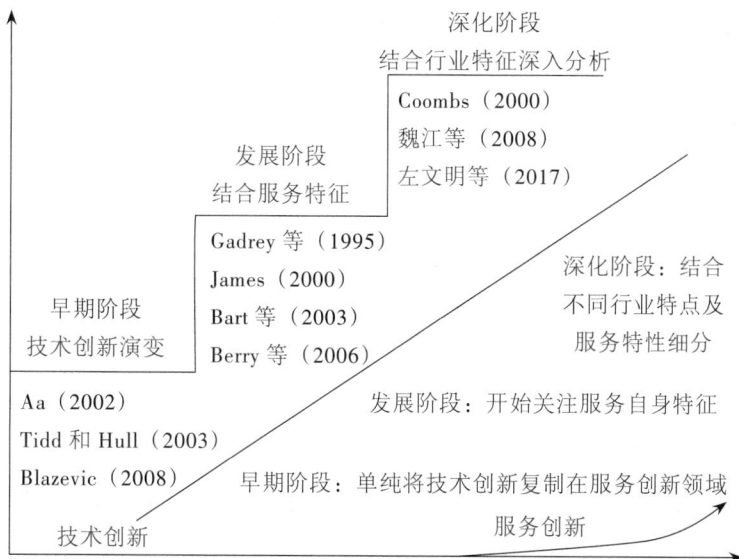

图 3-1　服务创新概念的发展脉络

第一，早期阶段。对服务创新概念的界定源于"熊彼特创新理论"，该学派的部分学者对创新的判断延续了"创新是一种新思想且广泛适用于生产实践"以及"创新的提出者能够因此获得收益和其他附加价值"这两个标准。基于该学派的研究基础，国外最初有关服务创新的研究主要借鉴或直接套用技术创新的研究思路或方法，延续技术创新脉络从产品的角度对服务创新进行定义。20世纪初期，学者认为服务创新是指采用先进的管理思想或者技术手段等方式以达到企业利润最大化，通常表现为网络式交互动态创新，将生产服务流程与新的服务技术加以结合。部分学者从服务价值的视角来定义服务创新的内涵，即以提升企业生产服务水平和开拓市场来增加附加价值为目的，向服务要素开展具有明确导向性的有组织、有目的的动态性变革，认为服务创新是创造或改变服务理念等，通过为客户提供新的解决方案或改进问题的方式为客户提供价值。该阶段对服务创新概念的理解主要是在制造业技术创新上的扩展，认为制造业技术创新的方法可以复制沿用在服务创新研究中，导致研究中忽略了技术创新之外的因素，包括服务无形性、易逝性等本质特点。

第二，发展阶段。随着学者们对服务创新研究的逐渐发展，结合了服务无形性、难以存储性等有别于技术创新的特征，认为服务创新是一种异质性强且针对特定客户解决问题的方法。服务创新是为客户提供一种从未接触过的服务模式，或是在以往服务的基础上对客户的感知产生较大的改变。还一部分学者以服务创新的影响要素作为切入点，将服务创新定义为一种新的或产生重大改进的服务理念。提升顾客价值能够产生新的服务功能并能够有效地投入市场。服务创新能够帮助企业有效地拓宽市场，为市场增加新服务方式、拓展新业务等。该阶段学者更关注服务创新的本质特征以及与制造业技术创新的区别，更关注客户在创新过程中的价值。

第三，深化阶段。自20世纪中期以来，在信息化革命和经济全球化的双重推动下，众多西方发达国家将发展要素自制造业转向服务业，力求以服务业带动制造业的创新发展来达到提升产业竞争的目的，争取实现从"工业型经济"向"服务型经济"转变。在理论研究中，服务创新有广义和狭义两个范畴，广义的服务创新是针对服务企业，以探讨服务企业创新，研究主要围绕"服务业务是否存在创新""服务创新是否存在其特殊性"等核心问题，尝试找寻服务企业与制造企业的差异，继而发展服务业的创新模式。狭义的服务创新是在服务产品或过程中产生的活动，强调服务自身的创新与行业无关。伴随时间的推移，制造企业与服务企业的边界日益模糊，开展服务创新活动的制造企业也屡见不鲜，融合效果也随之优化，狭义视角的服务创新的内涵在服务制造相辅相成的情境下显然更有益于其研究框架的形成。所谓狭义的服务创新，是指在服务阶段运用新设想、新手段或新技术以促进和变革已有服务产品及流程，增加新的服务项目为顾客创造新价值的活动过程。

通过以上对比分析可以发现，随着对服务创新研究的深入，尽管研究的切入点不同，但在概念描述上差异不大，主要围绕以下六个方面展开：第一，是一种概括性、过程性强的创新活动，具有明显的无形性；第二，以满足市场需求或取得市场竞争力为导向；第三，以提升客户感知价值为结果，是一种需求推动现象；第四，以服务的整个生命周期作为考察阶段；第五，以经济效益或生态效益为动机；第六，在企业层面建立创新标准。基于以上分析，本书将服务创新定义为：企业通过实施优化产品或服务流程的创新活动，在服务内容、服务手段和服务流程等方面为客户创造新价值的创造性活动。

3.1.3 制造企业服务创新特征和主要参与主体

一、制造企业服务创新的特征

对制造企业而言，服务创新不同于传统技术创新的技术导向或动态冗长等特点，而是一个崭新的产业升级机遇。对制造企业而言，服务创新不仅将利润实现作为唯一目标，还需要全方位考量社会、环境和经济的健康有序进步。制造企业服务创新拥有区别于传统创新的独有特征，主要体现在以下四个方面：

第一，制造企业服务创新具有复杂性。其原因在于制造企业服务创新不仅存在独立层面，而且贯穿于企业生产服务流程的全周期，包括生产、运营、销售及售后的每一个阶段。要求企业在考察制造企业整体发展、运转的同时，不能忽视掩藏于企业内部的服务流程、服务手段等非技术创新过程。制造企业服务创新有别于其他创新最为明显的特征就是客户参与，其中包括了各个单元和个体之间的参与，其间蕴含了复杂的交互作用，涉及企业外部多重利益主体，如政府、供应商等的协同配合，也更进一步阐释了服务创新由于参与主体的多样性，其复杂性远远超过制造业技术创新。因此，在考量制造企业服务创新的作用机理时，不能仅单一考察制造企业内部作用机理，对企业外部的参与主体的作用也是不容忽视的重要因素。

第二，制造企业服务创新具有多样性和非突破性。不同于制造业创新诱发技术的引导形式，服务创新的维度更多样化且拥有多种诱发因素，导致非技术形式创新的地位更加突出，而技术所占据的地位相较于传统创新较低。服务创新包括了过程创新、组织创新和市场创新，也存在如"传递创新"和"社会创新"等特有的表现方式。站在创新轨迹的视角来分析，服务创新不同于技术创新的特点是连续性和渐进性，技术创新的轨迹一般是突进且断续的，而服务创新是非突破性且联系的。这是由服务本身的易逝性和无形性本质决定的，服务是易逝的且不可储存和再生的，服务创新会不断自动地进行。

　　第三，制造企业服务创新具有需求导向性。制造企业创新的主要创新根源和信息获取方式都源自需求，创新活动的开展是将达成客户需求作为根本目的和创新源泉。准确识别外部需求，加以编码、解码的过程是实施和开展服务创新的重要过程，制造企业服务创新要将识别需求、制造需求、完成需求作为中心要务。通过对需求的追踪，实践者利用多种创新资源展开对目标市场直接和间接需求的识别，及时获取留存于市场中的创新服务相关信息，实现消费者的潜在价值偏好。基于企业扩大经营范畴、对手施加竞争压力以及企业外部创新需求等多重作用，企业会对市场加以利用和深度开发，引导消费者对企业的新服务或新产品产生认可或购买意愿，进而满足差异化需求培养客户的忠诚度。服务创新的需求关系，如图3-2所示。

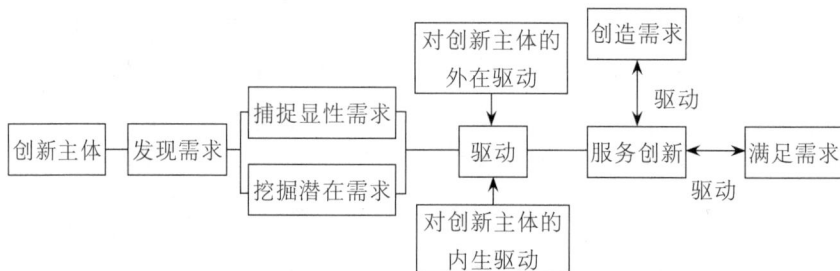

图3-2　服务创新的需求关系

　　第四，制造企业服务创新具有预见性。服务创新的开展离不开企业前瞻性的市场决断，区别于传统创新仅以利润作为衡量创新成果的核心标准。普遍的创新形式是以回报考量创新水平，通过少量的投入即可获取丰厚回报的创新形式，优点在于企业能够在短期内获取高额利润，最典型的类型就是模仿创新，即企业通过模仿成功企业的创新模式而获取利润的方式。而现阶段我国制造企业服务创新具有预见性，传统的模仿创新以及应变式创新在面对我国纷繁复杂的市场环境时显示出明显的力不从心，加之我国制造业的密集化、高速化竞争环境和国外制造业的难融性、排外性市场特点导致我国制造企业的生存与发展弥足艰辛却又必须奋力前行，抓住服务创新和服务化转型这一历史性的新起点才能为制造企业转型制造有利机遇，通过服务创新预见性特征以达成不竭的核心竞争力。

二、制造企业服务创新的主要参与主体

制造企业服务创新存在复杂性、多样性和非突破性等特征，导致其创新过程是一个复杂且系统的过程，仅凭借制造企业内部资源和优势促进企业服务创新发展稍显力不从心。制造企业服务创新的进步在利用企业自身能力资源达成各部门间协同共生的同时，涉及政府、供应商、高校及科研院所、客户等利益相关主体，共同在相应领域节点构建其服务创新网络资源共享的协同机制，以推动整个行业的服务创新发展。因此，本书将范围限定为制造企业及研究所涉及的不同参与形式的制造企业服务创新主要参与主体。

（1）制造企业

制造企业是承载服务创新开展的客观载体。针对本书所研究的制造企业描述了积极实施服务创新的企业个体，其中不包括供应商。制造企业在开展服务创新的过程中必须与网络内其他创新成员联合，从而完成制造企业内外部创新能力与知识的获取、整合和转变，最终形成为己所用的创新资源以实现企业持久性的竞争先机。

（2）政府

政府在企业服务创新开展过程中是监管企业行为是否合理规范以及提供适当政策红利的主体。政府通过各种政策及行为的规制与扶持进而引领企业逐步开展服务创新活动，其中具体措施有建设创新平台、给予创新补贴、制定支持政策、开设扶植专有基金等，最大限度地降低了企业实施服务创新的控制成本，力求有效减少企业开展服务创新的风险成本，为制造企业服务创新的开展营造出一个健康有序的市场和政策保障环境。

（3）客户

客户对服务创新的开展有十分重要的保障作用和战略意义。制造企业实施服务创新的根本目的是达成终端客户的偏好，客户不仅是企业服务创新中需要分析和了解的对象，还应被纳入创新系统中，有效参与新产品或新服务的开发。随着消费者的生活水平和需求意识不断提升，消费偏好也逐渐向个性化和差异化产品和服务转变。研究发现，有23%以上由客户开发的新服务创意具有商业化潜力，表明了客

户与企业之间不仅存在简单的交易往来，还将参与企业的服务创新，为企业提供互补性的知识、技术等创新资源支持。一方面，可以有效降低企业机会成本与运营风险；另一方面，有助于加快制造企业实施服务创新的进程。

3.2　制造企业服务创新研究的相关理论分析

"双碳"目标下制造企业服务创新发展研究是由多方主体参与、共同演进的过程，在各部分影响因素的综合作用下，通过外部环境和企业内外部多种力量的交互作用，形成的多层面影响和多方主体演化的渐进式发展过程。涉及制造企业服务创新发展研究的经典理论包括管理科学学派的组织行为理论、经济学派的服务主导逻辑理论、社会学派的新制度主义理论、资源学派的资源基础理论和可拓理论。各经典理论的比较，见表3-1。

表3-1　　　　　　　　　　　**各经典理论的比较**

学派	经典理论	研究主体		
		企业外部个体	企业资源/能力	制度/环境
管理科学学派	组织行为理论	√	√	√
经济学派	服务主导逻辑理论	√	√	
社会学派	新制度主义理论			√
资源学派	资源基础理论		√	
—	可拓理论		√	

3.2.1　管理科学学派的组织行为（organizational behavior）理论

该学派的代表人物有钱德勒、劳伦斯等，特点是在管理过程中有机融合了系统科学理论，即在管理范畴中应用了控制论、系统论、信息论等相关理论，以产生新的组织管理技术和方法。组织行为学区别于社会学、心理学及人类学等对于理论要求较高的学科，其从属应用科学的范畴，基于应用理论科学的范畴，为了揭示组织内部个体心理和行为规律性，通过对规律性的把握来深入探索剖析个体心理和行为，持续保持正面行为且改善负面行为的方法与举措，密切结合企业管理者的自身及外部政策或环境等实际情况来提高其工作能力，最终达到促进企业创新的目的。在服务创新的研究中，企业在整合自身资源的基础上，向企业外部搜寻能够促进企业服务创新发展的知识、能力、政策等多种资源，通过整合企业内外部资源以促进服务创新发展。

3.2.2　经济学派的服务主导逻辑（service dominant logic）理论

经济学为服务主导逻辑重新界定"服务"奠定了基础。近代经济学派以亚当·斯密的《国富论》为奠基之作，解释劳动分工和交换应该如何对社会福利做贡献，着重关注交换的价值。Vargo 和 Lusch 作为先驱者率先提出商品主导逻辑本身存在不足，尤其随着服务经济的发展，仅仅关注传统产品的交易而忽略了客户对于企业的重要意义是十分不明智的选择，2004 年 Vargo 等人提出服务主导逻辑理论，认为将产品与服务划分开是不明智之举，客户只关心企业是否能为他们提供最大的便利，该理论进一步强调了客户在服务经济中的重要地位，在现阶段的服务创新研究中也具有重要作用。经过对服务这一概念的重新梳理，服务主导逻辑理论强调商品和服务的整合，认为服务是全部交易开展的基础。该理论指出，企业以个体为导向从事生产或服务，重点关注个体与生产者以及所涉及的相关价值链协作者的交互联系以实现价值创造的理论。在此基础上，服务主导逻辑理论所强调的价值并非通过货币直接衡量，而是在某一情境内的服务或产品被需要时才得以实现。服务主导逻辑强调操作性资源的重要性，该理论的提出基于经济学的企业成长理论、核心能力理论和资源优势理论。其中，企业成长理论指出企业是在特定管理框架内的一组资源的集合，企业在自身资源的基础上应运而生的服务是企业进步的关键资源。核心能力理论指出企业取得持久性竞争力的不竭动力就是核心能力，它是企业最重要的战略资产。这种在企业发展过程中逐渐积累而成且具有企业自身特征的能力具备价值性、独特性、延展性和难以模仿、替代等特征。资源优势理论是反映具有资源竞争性的厂商与细分市场之间竞争行为的一种方法论，将资源的概念理解为帮助厂商开展有效生产或者使厂商有效获取相应细分市场的各方面资源，即资源包括为厂商获得现实生产能力的任何资源。在服务创新的研究中，企业不仅将客户视为营销对象，还将其视为可控资源，根据服务创新的不同任务和个体间的差异，为企业营销阶段、消费阶段和交付阶段作出贡献以促进服务创新发展。

3.2.3　社会学派的新制度主义（new institutionalism）理论

"制度"一词的核心概念最初是由单词"instituere"衍生而来的，意为创造或建立，主要表达一种无法轻易更改的结构或形式。制度予以人类一个相互影响作用的框架，从而形成了有序的、规律性的相互关系，也是一种互相约束。社会学派着重强调制度无所不在的特征，不仅存在于人类、组织范畴，也存在于创新活动中。制度不仅包括正式规则、程序和规范，还包括符号系统、认知模型和道德模块，为人类行动提供"意义框架"。制度能够通过个体或组织的主观认知、思维模式、习惯偏好以及社会身份等方式对自身行为产生影响和约束作用，在制度背景下所产生的行为具有一定的规律性。该理论使用制度同形来解释现代组织在形式和实践上表现出的相似性。制度同形涵盖三种基本形式：强制性同形源于其依赖的第三方组织或者社会公众期望而予以的各方面压力；模仿认知性同形意味着并不是全部制度同形均来自强制性权威，不确定性也是机理模仿的重要因素；规范同形是源于大学创造的认知，且进一步深化正规教育和合法化，以及能够在整个组织和新模型中快速扩散的专业网络发展和深化。

3.2.4 资源学派的资源基础（resource-based）理论

该理论起源于 1984 年，由麻省理工学院经济学教授 Wernerfelt 率先提出，资源论的假设认为企业拥有丰富化的有形及无形资源，企业可以将该部分资源转化成企业独有的能力，该部分资源和能力存在于企业内部难以被其他企业所模仿；该部分资源和能力作为企业保持长久竞争优势的关键所在。资源基础理论的基本思想可以理解为：将企业视为全部资源的集聚体，着重强调在具有战略要素与资源特征的市场中，企业的可持续竞争力与差异性。若资源为 valuable，表示该资源是有价值的资源，代表了企业执行力、效率以及效能的基础；若资源为 rare，表示该资源是稀缺资源，但是无论资源的价值高低，一旦市场中多数企业均拥有该项资源时，其带来的可持续的竞争优势将持续降低；若资源为 imperfectly imitable，表示该资源是不可模仿的资源，它需要同时满足条件独特、来源非具体和社会合法性。资源基础理论指出不同企业在自身资源方面存在一定程度的不同，也是其经营盈利模式差异的关键因素，更是优势资源企业取得经济租金的关键。作为制造企业为服务创新寻求竞争优势来源的资源或能力应该以稀缺性、难以复制性、价值性和获取的便捷性为主要发展方向。在服务创新的研究中，企业在利用个体资源获取其知识的同时，个体知识会根据企业自身情况重组再创造进而对制造企业服务创新产生影响。另外，制造企业拥有一定的内部资源或能力也有助于促进企业实施服务创新，而企业拥有内部资源或能力程度的高低也会影响个体对企业服务创新的实施。而外部其他企业、个体和企业能够作为服务供应链中密切相关的主体，企业在解决个体改进需求时往往寻求外部其他企业的帮助，以提高企业服务创新的成功率，而与外部其他企业的合作密切程度也能够影响客户对企业服务创新的作用。

3.2.5 可拓（extentics）理论

可拓理论主要研究事物扩张的可能性以及开拓创新的规律和方法，并用于解决矛盾问题。服务创新市场变化的形式和原因呈现多样性，传统理论认为有效管理和利用企业内部可控的"实"资源才能获得持续竞争优势。随着科技发展和创新速度的加快以及客户需求的差异化，"实"资源往往难以满足企业的直接需要，此时就需要利用其他可拓资源来解决其主要矛盾。企业内部存在大量虚拟资源（如知识、品牌等），企业无法可控。从可拓理论的角度来看，使虚拟资源转化为企业的可用资源，资源具有可拓性，即资源具有相关性、发散性、蕴含性以及可扩展性等特点，为企业开拓资源提供了更多的可能路径。可拓资源能够推动服务创新的发展并实现盈利，使企业通过有效的服务创新发展来参与市场竞争，其最基本的财富资源和可靠的竞争优势来源于对可拓资源的了解。

制造企业服务创新发展受到多层面影响因素的作用，厘清影响制造企业服务创新的不同层面因素是制造企业服务创新发展研究的基础。通过对研究所涉及的相关经典进行归纳分析和比较，不同理论从不同层面对服务创新发展研究有直接或间接支撑作用，与其他理论相比能够更好地揭示出制造企业服务创新发展研究的本质规律。根据经典理论的研究划分个体层面、企业层面及制度层面，为后续研究奠定基础。

3.3 制造企业服务创新发展研究的理论框架

"双碳"目标下制造企业服务创新发展研究是由多方主体参与、共同演进的过程，在各部分影响机制的综合作用下，通过影响因素、影响机理和评价等多种力量的综合作用，进而形成的多层面影响、多主体演化的渐进式发展过程。鉴于此，本书以系统逻辑作为依据，根据制造企业服务创新的"影响因素'点'→影响机理'线'→演化机理'面'→评价'体'"的理论框架，将研究内容设置成四个层面：一是研究制造企业服务创新的影响因素识别；二是研究制造企业服务创新的影响机理；三是研究制造企业服务创新的演化机理；四是对制造企业服务创新发展水平评价。

"双碳"目标下制造企业服务创新发展研究是制造企业为了完成国家

碳达峰和碳中和战略，实现服务创新的目标而展现在不同层面上的有效输出，以推动制造与服务的协同发展、绿色制造和制造企业转型升级作为目标，在多种影响因素的综合作用下推进的服务创新活动，不仅能够产生制造企业效率提升、服务化结构升级等内部效应，还能够产生推进服务型制造转型发展、实现制造企业绿色发展等外部社会效应。将制造企业服务创新比作一个系统，以系统逻辑作为参考依据，将制造企业服务创新分为输入、处理、升级和反馈，分别与制造企业服务创新发展研究过程相对应，包括影响因素、影响机理、演化机理和评价四个部分。

制造企业首先将个体层面、企业层面以及制度层面三个层面服务创新的影响因素输入系统，作为系统的影响因素"点"实现系统输入；经过某些因素的中介作用和调节作用对制造企业服务创新内部系统产生作用，形成影响机理"线"推进制造企业服务创新发展，实现系统内部处理；整个系统在服务创新不同层面主体间相互作用持续演化，逐渐形成演化机理"面"，实现系统升级；最后，为保障制造企业持续性开展服务创新，制造企业服务创新发展水平评价能够直接体现多种影响因素"点"对服务创新的综合作用结果，间接体现制造企业服务创新影响机理"线"、演化机理"面"在系统处理和升级过程的科学性，以实现系统的反馈。影响因素、影响机理、演化机理和评价四个过程按照系统逻辑不断演进，使制造企业服务创新发展具有延展性，实现对"双碳"目标下制造企业服务创新"影响因素'点'→影响机理'线'→演化机理'面'→评价'体'"的系统研究，为促进"双碳"目标下制造企业服务创新发展提供有力支持。

首先，系统输入：影响因素"点"。在服务创新影响因素的识别阶段，源于个体层面、企业层面和制度层面的影响因素形成了推动制造企业服务创新的"点"，明确把握影响因素"点"是制造企业服务创新发展研究开展的本源。根据经典理论将影响因素划分为个体层面、企业层面和制度层面三个层面。通过梳理和归纳制造企业服务创新的影响因素，明确了制造企业服务创新影响因素"点"，为分析制造企业服务创新的影响机理"线"、演化机理"面"和输出评价"体"提供了研究基础。

其次，系统处理：影响机理"线"。制造企业服务创新的影响机理是不同层面的影响"线"对服务创新共同作用的过程，且不同层面的影响因素之间还存在相互联系，以"线"的形式影响着制造企业服务创新。根据经典理论发现，个体层面、企业层面和制度层面的影响因素与制造企业服务创新之间拥有独立的影响"线"；个体层面还能够通过企业层面的影响因素对制造企业服务创新产生影响。通过对影响机理"线"的分析，可以进一步了解制造企业服务创新不同层面的影响因素对服务创新的影响机理，为进一步研究时间和空间维度下参与制造企业服务创新活动的各个主体间的演化提供了基础。

再次，系统升级：演化机理"面"。面对来自企业各个方面的压力，制造企业需要持续改变自身行为和特征以适应环境，需要进一步分析制造企业服务创新系统内部不同层面主体共同演化对服务创新交织作用的结果。制造企业服务创新的影响因素"点"和影响机理"线"通过时间和空间的演变形成了演化机理"面"。系统中的各个主体为了适应环境不断改变自身行为和特征，并相互作用以推动整个产业的共同演进，揭示不同层面主体间相互作用推动制造企业服务创新演化的路径和规律，获得利益相关者决策达到理想状态的稳定条件，进而促进整个制造企业服务创新的演化升级。

最后，系统反馈：评价"体"的输出。对"双碳"目标下制造企业服务创新发展水平的评价，能够完成对影响因素"点"、影响机理"线"和演化机理"面"的总体反馈。评价过程以建立评价指标体系与评价模型，输出制造企业服务创新发展水平的评价结果来完成，通过不同层面的反馈评价直接体现了制造企业服务创新的发展水平，间接体现了制造企业服务创新发展阶段的合理性，是对服务创新影响因素、影响机理和演化机理的整体反馈，为发现制约制造企业服务创新发展的薄弱环节提供借鉴，为政府的政策制定和企业战略调整提供决策依据。

3.4　本章小结

本章是全书的基础研究部分。在界定了制造企业服务创新相关概念和明晰了服务创新研究相关理论的基础上，对"双碳"目标下制造企业服务创新发展的研究内容进行了解读，构建了制造企业服务创新发展研究的理论研究框架，从提出问题、分析问题到解决问题的研究过程，提出了制造企业服务创新影响因素"点"、影响机理"线"、演化机理"面"、评价"体"这一研究脉络，以本章内容之研究作为后续章节之根本。

4 制造企业服务创新的
影响因素识别

基于上一章"双碳"目标下制造企业服务创新发展研究的研究基础及理论框架，制造企业服务创新的影响因素识别是驱动服务创新的源"点"，即系统输入。本章采用扎根编码步骤依次迭代，通过专家访谈中所选取要素的提及频次限制来识别制造企业服务创新的影响因素。首先，加深对扎根理论各个范畴的理解，明确访谈流程；其次，设计和描述识别影响因素的具体研究方法，反复敲定方法的实施过程和有效性；再次，依据扎根编码步骤和检验流程，找出制造企业服务创新的不同层面影响因素范畴之间的逻辑联系，形成故事线联结；最后，在识别影响因素结果的基础上，二次提炼个体层面、企业层面和制度层面的影响因素，建立不同层面范畴间交互作用的典型关系结构。

4.1 研究方法选取

学者们对"双碳"目标下制造企业服务创新的影响因素还有待深入

研究，简单粗略地将企业技术创新的影响因素照搬至制造企业服务创新研究中显然于理不合，因为难以与我国制造企业特征以及将转型升级作为落脚点的服务创新特点相贴合。现阶段，国内外学者开展探索性研究普遍应用扎根理论和面对面访谈形式，其优点在于访谈法比问卷等调研方式更能直观地观测到受访者的行为和心理变化。整合目前关于创新的影响因素研究的相关文献，不难发现通过扎根理论概念开展面对面访谈或通过互联网在线访谈的方式所得到的研究成果具有更高的准确性与可靠性。访谈方式有其最直观的优势，即研究人员与受访者在访谈期间，研究人员不仅能够在访谈情境中收集受访者的访问答案，还能够根据受访者的微表情、情绪、态度等细微方面获得更多信息，整理访问资料时可以根据受访者的实际情况与现场表现对访谈内容、受访者答案和关键问题作出针对性的调整，使其更贴合实际。而如果采用互联网在线访谈的方式将存在一定的时间上或空间上的障碍，研究人员难以捕捉受访者的实际情绪，这会对访谈结果造成一定的误差。因此，本书选取扎根理论研究方法对制造企业服务创新的影响因素展开研究。其优势在于：研究运用深度访谈进行数据收集，还会使用如档案、手抄稿等资料，使研究具有扎实的数据基础；扎根理论要求对原始数据进行三层迭代编码，看重资料之间的关联性，最大限度地确保理论模型的构建结果均由访谈数据得来；扎根理论的研究具有开放性强、容错性高的特点，且操作规范具有系统性和科学性，使得所获得的结果更具有实践性；扎根理论研究重视理论构建的完整性，深入挖掘事物之间的联系并对相关问题作出普适性说明，能够填补质性研究在理论构建时的缺陷。

关于扎根理论的研究起源于 1967 年美国学者 Glaser 和 Strauss 共同提出的一种行之有效的质化研究方法，旨在应用系统性、科学性的原始资料整合方式，归纳和建立某一现象理论模型方法。最初扎根理论在社会学范畴中被广泛流传，但伴随时间的推移，扎根理论方法开始融入其他学科领域的研究中，受到了各个领域的一致认可与推崇，并持续修正，其中包括教育学、心理学、宗教学和管理学等多种学科。扎根理论的主要运行原理是循环往复获取原始资料并加以分析及编码，该理论要求研究人员对受访者不可产生主观误导，研究人员不可在研究之前就建立预判的理论框架而影响最终结果的产生，其结果的形成是研究人员通过多方资料分析顺其自然的呈现。扎根理论的研究步骤包括：第一，客观描绘某一社会现象进而展开原始资料收集及编码阶段的准备工作；第二，开放式编码，即对原始资料中所涉及的原始概念加以整理；第三，主轴式编码，即深入剖析各个原始概念之间的潜在因果联系以找出主范畴；第四，选择式编码，即深层次凝练从原始概念中得来的核心范畴与主范畴间的作用关系；第五，理论饱和度检验，即对得出的理论模型的饱和度进行检验以验证模型的科学性与周密性。扎根理论的研究步骤，如图4-1所示。

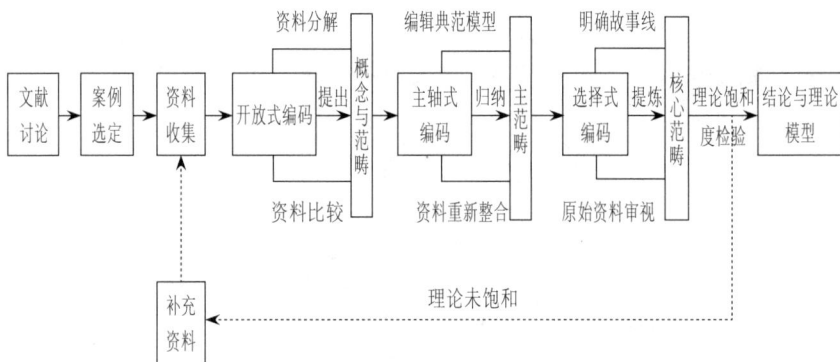

图4-1　扎根理论的研究步骤

质化研究（qualitative research），也称定性研究，是一种与定量研究相对应的概念，是通过对所研究问题资料加以收集汇总且站在问题所处环境的角度对客观事物进行分析理解的过程，也是研究开展的基础。Fussler等认为研究人员在质化研究过程中要保持公正性、严谨性，规避将主观臆断带入研究范畴，要对被试者的行为、语言和思维方式深入分析以收取具有科学性的一手资料，基于此给出研究框架或理论依据。扎根理论与其他定性研究方法有着明显的差异，也是定性研究领域的重要里程碑式发现，其原因归结于扎根理论比传统的定性方法增加了规范化的研究步骤，具有独有的研究章法将数据以非定量的方式规范化，通过社会经验辅以档案材料等构建理论，弥补了传统定性研究在该方面的欠缺，适用于本章研究的实际情况。

4.2　研究设计与实施

4.2.1　研究设计

扎根理论研究的前提是采集有关访谈内容的原始资料以及相关备选方案，选取符合且能够准确反映研究内容的研究对象展开深度访谈，达到精准识别制造企业服务创新的影响因素的目标。研究在选取研究对象以及在选取预期方面遵循以下标准：第一，限制受访者的从业经历，研究要求参与深度访谈的受访者必须拥有在企业规模超过500人的中大型且有开展服务化转型或服务创新活动趋势的制造企业中3年及3年以上的从业经历，对制造企业生产、开发、运营及售后等阶段的工作有一定的认识且具有开展服务创新的愿景；第二，限制受访者的受教育程度，研究要求参与访谈的受访者具有良好且独立的逻辑思维和表达能力，具有完整且正确的价值导向，选取的受访者均拥有本科及本科以上学历以平衡受访者的整体素质；第三，限制受访者的所处职位，研究要求参与访谈的受访者拥有不少于一年的运营管理、项目管理、技术研发等与研发和管理相关的经验，对制造企业整个生产运营流程以及管理经营目标有一定的理解，以便受访者迅速进入访谈状态且给予研究人员专业性、高效性的反馈信息。Fassinger等学者对扎根理论的相关研究成果显示，研究对象尽可能控制在20~30人为优，编码过程中在敲定各层次范畴时需要尽可能选取资料中反复被提及的次数大于或等于3次的概念词频。基于以上标准，依托国家自然科学基金等项目，选取与课题组具有紧密合作关系的26家制造企业作为识别制造企业服务创新的影响因素研究样本，其中样本企业符合规模不小于500人的中型规模以上的制造企业的要求，样本的行业分布范围涉及电器机械和器材制造业，专用设备制造业，计算机、通信和其他电子设备制造业，铁路船舶和航天交通运输设备制造业，通用设备制造业以及造纸、纸制品制造业等。在受访者的从业经历方面，以从高到低的顺序选取从业10年以上4人、从业5~10年10人、从业1~5年12人。在受访者的所处职位方面，以从高到低的顺序选取总经理2人、副总经理6人、总经理助理6人、研发部门主管6人、规划部门主管3人、高级工程师3人。在受访者的受教育程度方面,以从高到低的顺序选取博士研究生学历7人、硕士研究生学历13人和本科学历6人。为彰显制造企业服务创新的影响因素的关键性,将在开放式编码中反复提及次数不少于4次的初始概念以区分不同范畴,避免进行主轴式编码阶段出现过多数量的主范畴。

4.2.2 研究实施

选取深度访谈法对原始资料展开研究能够弥补直接观察法、书面调研法等研究方法单一和存在主观臆断的不足。在访谈过程中,研究人员能够通过沟通对受访者的回答进行摘录,同时通过观察受访者在沟通阶段的表情、语气以及细微动作等适当调整访谈的节奏与内容,在面对面交谈过程中可以辨认出受访者对某一问题所作回答的可靠性。研究阶段采取一对一面谈的方式对符合选取条件的受访者展开调研,严格控制受访者的深度访谈时间不少于60分钟,通过访谈时受访者情绪的变化来把握访谈节奏,以精准获取受访者对制造企业服务创新影响因素的有效答案。该访谈法是围绕企业对影响服务创新开展有效性的重要因素以及对服务创新效果产生直观影响的因素展开的。例如,贵公司开展服务创新进展如何?贵公司具有哪些成功实施服务创新的能力和资源?贵公司决定采取服务创新的主要动机和目的是什么?您认为哪些因素对企业提升服务创新效果有较大影响?您认为哪些因素能够促进企业的服务化转型?完成深度访谈得到访谈摘录26份,整理和归纳访谈摘录以便能够真实可靠地反映制造企业的服务创新。其中,一部分是在访谈摘录中随机选取原始资料用作研究过程中的编码(21份),另一部分是访谈摘录作为对理论饱和度检验和再次验证可靠性的原始资料(5份)。研究实施阶段需要注意运用具有一定理论基础或相关理论中出现概率相对较高的学术性词语进行描述。对具有分歧或尚待统一的概念及范畴,需要征询专家意见后加以修订,为规避研究人员掺杂过多主观臆断而影响编码结果以提升研究的有效性与客观性。

4.3 扎根理论分析过程

4.3.1 开放式编码

开放式编码（open coding）是对访谈内容拆分重新标识和编码以判别提出概念类别，最终将访谈内容有序化、概念化和范畴化。在编码过程中，为规避研究人员可能出现的主观影响，登记受访者的原始语句采用编码中的初始概念，经整理规范总结出原始语句与对应的初始概念总计729条。该过程中凝练和拆分了存在交织且品类庞杂的初始概念，聚合相关概念以达到概念范畴化的目的。本书剔除了提及次数小于4次的初始概念，最终总结得出17个概念范畴，分别为直接客户导向、间接客户导向、供应商协同、内部嵌入知识共创、外部联合知识共创、强制政策规制、激励政策规制、行业环境规范、消费环境规范、社会环境规范、竞争需求认知、榜样示范认知、知识获取能力、创新决策能力、技术研发能力、服务交付能力和知识产权保护能力。开放式编码范畴化结果见表4-1。

表4-1 开放式编码范畴化结果

概念提取	原始语句（初始概念）
直接客户导向	A03近些年，企业和多数客户之间建立了长期的需求合作联系，企业十分看重与客户之间的紧密互动，企业还设立了专项基金以便稳固长久的合作关系（重视客户合作）
	A10企业定期组织不同群体、职位的客户回访，系统获取不同阶层客户的需求和偏好，长期维持良好的沟通态势，在企业开展服务创新阶段得到了客户提供的大量有价值的资源（良性和谐的合作关系）
	A12企业已有大批的忠实客户群体并一直保持稳定的关系，企业在业内具有良好的口碑，与客户之间的互动和信任程度都很高，这也为企业开展服务创新工作带来了一定的便利（信任程度）
	A18企业会定期邀请客户参与到企业新产品或服务的设计、生产、销售环节中，非常重视与客户间的关系，通过与客户之间的密切往来直接得到了大量有助于企业开展创新的信息（获取客户高价值资源）
	A19企业并未作出任何损害客户利益的决策或事件，对客户的个性化要求在很大程度上都能有效解决（合作气氛）

续表

概念提取	原始语句（初始概念）
间接客户导向	A01企业对潜在客户的定期回访和问候，通过邮件或电话的形式与客户密切沟通与联系，通过与客户沟通来收集对企业服务创新有益的关键信息（互动密切程度）
	A02企业与客户之间已经形成了稳定的合作关系，二者之间达成了稳固的信息互通和实时反馈的良性循环机制（信息反馈）
	A11企业在实施服务创新阶段面临障碍，企业内部人员却迟迟未能解决问题，在不断提高客户服务流程，增加其对企业的信任感和安全感的情况下，二者不断交互以攻克难题，推进企业服务化转型的进程（挖掘知识的成果）
	A20企业与客户之间的互动不仅存在于服务创新活动期间，还存在于交易、售后、反馈等活动期间（搭建互动平台）
供应商协同	A05目前，企业与供应商的合作比较少见，企业一般习惯不断重复已有的合作关系，但与供应商合作有其不可替代性，能够帮助企业协同创新，这也是企业未来的发展方向（协同创新）
	A08目前，企业与供应商的合作，主要依靠供应商的研发能力，帮助企业深入挖掘客户信息等（信息挖掘）
内部嵌入知识共创	A04企业与供应商、竞争者、客户等参与主体通过持续的系统思考与学习，主动探索所需知识，带着自身需求参与知识整合（整合异质性知识）
	A08企业引导各个主体参与到企业的服务创新中，既作为知识的提供者，也作为知识的接收者（多方主体参与知识共创）
	A17客户在享受服务或作出购买行为的阶段认识企业的相关知识，强化对企业的好感，在此期间客户通常不知道自己的行为被跟踪（无意识的知识共创）
外部联合知识共创	A02企业搭建平台与合作伙伴、竞争者、供应商和客户之间建立合适的联结关系，共同为企业创造知识（搭建知识共创平台）
	A07企业通过数据库技术收集客户信息，获取客户知识，包括个人信息、交易记录、浏览记录等（识别领先客户）
	A14企业与多个参与主体包括供应商、竞争者、客户等，贡献彼此的经验、体会等，企业充分考虑不同参与主体的作用，作出不同引导，提高其参与意愿并促使各主体贡献更多高质量的知识元素（获取知识）
	A16企业与参与主体互动过程中不断获取自身知识，形成较强的联结关系，彼此间通过互动和对自身知识的调整，实现不同种类知识的流动（异质性知识耦合）

续表

概念提取	原始语句（初始概念）
强制政策规制	A05目前，政府尚未动用强制手段使制造企业进行服务化转型，即使企业现阶段不进行转型，其所获得的收益仍比较乐观，但如果让企业一时间拿出大量资金去开展服务创新会存在很大压力（强制性制度）
	A11政府需要对制造企业规定一定的碳排放上限，对不能合规排放的企业予以处罚，但要确保监管和实施的公正性（节能减排制度）
激励政策规制	A13企业在开展服务创新之初对人力、财力和物力的需求处于最旺盛且风险也是最大的阶段，此时得到政府的补贴能解企业服务创新初始阶段的燃眉之急（政府补贴）
	A18企业进行了服务创新，提供了新产品或新服务，却苦于宣传无方，只依靠企业自身宣传难以达到预期效果，希望政府能帮助企业多宣传、多推广（政府宣传）
	A21在共同创造价值的过程中政府可以搭建服务创新平台，使制造企业、客户和合作伙伴之间形成良性持续的互动（服务创新平台）
行业环境规范	A04如果所有的制造企业均选择向服务型制造转型，那么社会中的消费者和其他相关组织也会主动选择这一发展模式（社会效应带动模式）
	A05制造企业逐渐告别粗放型发展模式，走向高端化、智能化、服务化的发展路径，提倡服务创新逐渐替代传统生产方式（服务创新替代传统生产）
	A17企业通过一年的努力获得全球领先的第三方认证机构SGS颁发的QualiCert服务认证证书，形成了统一的服务化标准，带动行业整体服务水平提升（服务能力认证）
	A21业内企业和科研院所、行业组织等共同参与高端制造企业标准的制定，目前我们公司已经开始建立产品和服务标准、自我声明公开和监管制度（标准制定）

续表

概念提取	原始语句（初始概念）
消费环境 规范	A04近几年，消费者更关注产品和所提供服务的个性化和差异化，对服务的要求也越来越高，我们公司正面临向服务化转型，只有顺应市场趋势才能获得市场（消费者关注度）
	A07企业已经开始建立产品或服务质量追溯体系，强化消费维权保护，推进缺陷产品召回常态化、缺陷服务反馈及时化等制度（消费者保护体系建立）
	A09消费者对全面的、个性化、专业化的服务需求日益强烈，消费者在消费产品或服务时更注重其个性化和创新性（购买偏好）
	A10从企业客户反馈的视角来看，企业采取服务创新手段后，客户支持率较之前有较大规模的提高（客户支持率）
	A17我们公司对出售的产品有严格的质量把关，陆续开展的配套服务也都严格遵循从业标准，确保为消费者提供优质的体验（标准把控）
社会环境 规范	A06新闻媒体正面渲染节能减排氛围，以增强公众的环保意愿，逐渐摒弃高污染、高排放制造产品，寻求新型替代品（媒体正面宣传）
	A13业内已经开始建立标准化测试公共服务平台，面向服务流程、智能升级、智能管理、智能制造和智能服务等开始了示范工作（建立服务转型标准体系）
	A15一些上下游的企业开始改变产业结构，对客户进行全过程、全方位的状态管理，所以我们也逐渐开始向客户提供整体解决方案和集成服务等（完善服务化生态）
	A19随着我国消费水平的稳步上升，公众对产品的差异化选择和服务体验要求也越来越高，在产品的基础上延伸服务，可以说是制造企业水到渠成的选择（公民高品质选择）

续表

概念提取	原始语句（初始概念）
竞争需求认知	A01国内的传统制造业出现严重的地区性产能过剩、自主创新能力薄弱等问题，导致一些中小型制造企业关停，如果不及时转变竞争优势，通过新技术或转变服务形态来增加产品附加值，那么中小型制造企业将难逃破产的宿命（竞争者转型）
	A07随着物质文明程度的不断提高，现在消费者越来越重视自身的心情、情绪等方面，在购买产品时更加关注产品的服务和个性化体验，因此积极采取服务创新的企业，其市场前景将十分光明（服务创新市场前景）
	A10为了使客户感受到新的服务，企业为其提供额外的服务或者在服务阶段作出颠覆性的创新或改善。对比现阶段客户偏好的转变，企业对新服务的感知度不断提高（服务创新需求）
	A13目前，传统制造企业产品的利润空间越来越狭小，企业面临国外发达国家中高端制造业和新兴经济体所带来的压力，行业内订单竞争十分激烈，竞争者纷纷开始向服务型制造转型，寻求机遇以抓住下一个利润突破点，不然将在这个市场中承受优胜劣汰的命运（市场竞争激烈）
	A17当前企业发展很艰难，相同类型的产品太多，需要在服务方面下功夫（替代品兴起）
榜样示范认知	A02个别企业已经积极追赶制造业"服务化"的浪潮，拉长整个产业链和经营环节，将产业链上游的原材料采购、开发、设计和下游的销售、运营、仓储等服务环节单独运营，以保留生产性服务阶段应获取的利益，这也是我们未来工作的方向（实现转型升级）
	A06企业将技术部独立出来，专门设立了独立法人的研发公司，目前公司总部形成了一体化的高端研发中心，配备了超过300名高级工程师和管理人才，将运营、研发以及资本融合统一，预计产出将超过50亿元（注重自主研发）
	A15企业开始重视知识产权的保护，服务不像技术可以申请专利，服务模式易于复制，我们更要加强从多种渠道来保护企业的知识资产（知识产权保护）

续表

概念提取	原始语句（初始概念）
知识获取能力	A01 将国外先进的生产设备与技术引入企业内部，先进设备能够实现原材料全方位利用，并培训了能够独立操作的技术员工，目前设备刚刚投产使用，使用率已经达到产能的九成（引进先进设备）
	A07 企业内部各部门之间长期保持良性沟通，企业通常通过项目的方式进行服务创新活动，其中项目责任者为企业高层，主要把握整个服务创新项目的方向和思路，项目组成员一般在服务创新开展阶段按需支配，可以借调研发、运营、设计等部门的相关人员来完成项目（创新资源配备）
	A10 企业与客户、政府、高校和研发机构能够保持合作关系，确保获取的知识资源更符合市场需求（获取有效创新资源）
	A11 2017 年企业新进员工中有 15 人来自国内知名双一流高校以及国外名牌大学，均具有硕士研究生以上学历，企业为其提供了有竞争力的薪资待遇和发展条件（引进高端人才）
	A18 企业借助风险投资机构以及合作的金融机构为企业服务创新转型升级申请到部分的财力支持，保障创新的物质基础（取得资金支持）
创新决策能力	A02 企业的高层管理人员对企业的服务化转型升级十分重视，高层管理者对企业服务创新发展有十分迫切的期待（服务创新战略）
	A05 当前服务创新发展迫在眉睫，企业需要随大环境而动，主动出击争取在市场中占据上风，在此阶段风险与机遇并存，企业开展服务创新与持续盈利的愿景是一致的（服务创新发展决策）
	A11 制造企业的核心发展动力逐渐由产品转向了服务，只有顺应大环境并持续创新，才会在激烈的市场浪潮中脱颖而出（服务创新必要性）
	A14 企业的发展态势一直处于非静止的状态，但是社会风向标的方向却是一致的，纵览当前市场趋势，再次印证了企业发展的长久之计是不能仅关注眼前的蝇头小利，要肩负起整个社会和生态所赋予制造企业的使命，改善传统模式、开展服务创新将成为未来企业乃至全社会所需要的能力和责任（服务创新决策）

续表

概念提取	原始语句（初始概念）
技术研发能力	A03 企业在研发岗位上的员工全部拥有本科以上学历，超过50%的员工拥有硕士研究生学历，随着企业规模的发展，员工的受教育水平也在提高（创新性研发素质）
	A07 企业在推行新产品、新服务、新理念方面有很大进展，催生了许多与服务环节融合发展的新业态、新模式（服务创新能力）
	A10 目前，企业用于流水线的工艺来源于与企业长期合作的研究所，之后企业研发人员通过反复调试和修正完成了新老技术的融合（技术改进能力）
	A16 企业正着力于对产品或服务的自主研发，争取能够完成新的突破（自主研发）
	A17 每年企业用于研发的资金超过整体运营收入比重的15%，2017年首次突破了18%（研发资金投入）
服务交付能力	A07 企业通过长期业务积累，开始意识到在不同的业务领域中客户关于信息服务的偏好与理解具有一定差异，企业开始整合内部管理模式、建立相应的体系，面向市场提供标准统一的信息技术服务（统一标准）
	A12 提炼企业近几年有关信息集成业务和软件外包的相关经验，运用新方法开展对该领域知识资产的积累与复用。带领客户共同完成规范、标准和精确的发包，合理规避企业之间因争抢客源而造成的恶性竞争，提升项目执行效率和交付质量（保障服务交付）
	A16 2017年企业要在亚太区增添200名员工，增强企业产品和服务能力，充分应用外部合作资源，如供应商、合作商等，用于强化企业在当地的交付能力（增加员工）
	A19 为了使企业的交付面更广泛且更有针对性地应对某些专业领域或行业领域的客户，企业站在全局的角度调整了服务的组织运营体系（战略调整）

续表

概念提取	原始语句（初始概念）
知识产权保护能力	A01近年来，企业逐渐建立健全知识产权保障措施，为保护企业商业机密，制定了有关企业知识产权保护的红头文件，其中规范了部分企业间、企业与合作者间或员工间发生的有关机密信息保护方法（健全保障体系）
	A08企业及时为研发的新产品注册专利、商标等，以切实保护企业自身权益（申请专利）
	A11企业定期开展培训以提高员工对知识产权的保护水平，使知识产权保护成为员工上岗的必修课，甚至成为企业文化建设中的一部分（培养员工维权意识）

4.3.2 主轴式编码

主轴式编码（axial coding）主要在范畴间展开比较研究，是将开放式编码中的独立范畴重新聚集以明确突出主范畴。主轴式编码结果见表4-2。经过分析可知，开放式编码所得出的17个独立范畴存在一定的潜在逻辑联系，通过主轴式编码研究以辨认17个范畴的实际特征联系与区别，通过重新整合与划分，取得客户导向、供应商协同、知识共创、规制压力、规范压力、认知压力和服务创新能力7个主范畴。其中，客户导向由直接客户导向和间接客户导向2个范畴构成；知识共创由内部嵌入知识共创和外部联合知识共创2个范畴构成；规制压力由强制政策规制和激励政策规制2个范畴构成；规范压力由行业环境规范、消费环境规范和社会环境规范3个范畴构成；认知压力由竞争需求认知和榜样示范认知2个范畴构成；创新能力由技术研发能力、知识获取能力、服务交付能力、创新决策能力和知识产权保护能力5个范畴构成。

表4-2 主轴式编码结果

编号	主范畴	对应范畴	范畴内涵
1	客户导向	直接客户导向	企业与客户主体间直接合作所建立的静态信任程度与知识融合程度
		间接客户导向	企业与客户主体间沟通、互动与反馈信息的程度和深度

续表

编号	主范畴	对应范畴	范畴内涵
2	供应商协同	供应商协同	企业与供应商主体间合作、交互和信息共享程度
3	知识共创	内部嵌入知识共创	外部知识进入企业内部，整合企业内部知识，完成与外部知识融合创造的阶段
		外部联合知识共创	企业外部产生异质性知识，通过对异质性知识元素的整合创造新知识的阶段
4	规制压力	强制政策规制	政府出台相关强制性规定，支持制造企业结构优化、产业升级等
		激励政策规制	政府出台关于制造企业开展服务型制造的各项宣传推广活动、融资支持政策及相关税收减免补贴等激励政策
5	规范压力	行业环境规范	行业内通过行业认定规范为企业服务创新给予保障与激励程度的衡量
		消费环境规范	消费者关于企业服务创新的效用、价格和质量等方面的需求程度以及企业对消费者保护程度的衡量
		社会环境规范	公众的价值观判断、生活惯性、文化传统等对服务创新环境烘托程度的衡量
6	认知压力	竞争需求认知	行业内同类竞争企业开展服务创新业务的收益及服务创新市场需求的衡量
		榜样示范认知	行业内典型企业的服务创新成功案例对其他企业促进程度的衡量
7	服务创新能力	知识获取能力	企业挖掘、获取和分配原始资源对其加以利用或改进，使其直接应用于服务创新实践的能力
		创新决策能力	根据外界形势，明确判断且精准及时地调整企业创新战略并有效推进的能力
		技术研发能力	企业合理利用可获取的资源完成新产品或新服务的创新及变革的能力
		服务交付能力	企业根据客户导向进行服务品种设计后所进行的后续经营活动过程，并有效呈现给客户的能力
		知识产权保护能力	企业对来自企业内部研发的智力劳动产生的智力劳动成果所有权保护的能力

4.3.3 选择式编码

选择式编码（selective coding）是指在深入挖掘归纳范畴间关系的基础上，进一步探索其核心逻辑因果并以"故事线"的形式将各关联变量纳入到一个实质框架。研究确定了核心范畴为"双碳"目标下制造企业服务创新影响因素，围绕核心范畴提取其影响因素的7个主范畴：客户导向、供应商协同、知识共创、规制压力、规范压力、认知压力和服务创新能力。其中，客户导向、供应商协同、知识共创、规制压力、规范压力和认知压力都是影响制造企业服务创新的关键性外生因素，客户导向和供应商协同分别是对企业与客户、企业与供应商合作程度高低的衡量。具体而言，是对企业与其他创新主体合作过程中生存依赖程度、互动交流以及资源共享程度的判断。企业服务创新能力是影响制造企业服务创新的关键内生因素且联结企业生产经营全过程，是对企业服务创新起到核心支撑的能力，主要包括知识获取、服务交付、技术研发、创新决策和知识产权保护，直接影响制造企业服务创新。知识共创是对企业与内外部参与主体知识交换和整合的衡量，是企业潜在的能力禀赋。规制压力、规范压力和认知压力是对企业所在环境中服务创新支撑、保障和限制水平的衡量。上述主范畴对核心范畴具有直接影响作用，借助知识共创禀赋的作用间接影响核心范畴。综上所述，构建主范畴与核心范畴典型关系的8条故事线，包括客户导向直接影响服务创新；供应商协同直接影响服务创新；知识共创直接影响服务创新；规制压力直接影响服务创新；规范压力直接影响服务创新；认知压力直接影响服务创新；服务创新能力直接影响服务创新；客户导向通过知识共创间接影响服务创新。各层次范畴及其典型关系结构，见表4-3。

表4-3　　　　　　　　各层次范畴及其典型关系结构

典型关系结构	关系结构的内涵
客户导向→服务创新	客户导向是企业与客户合作程度，对核心范畴有直接影响作用

续表

典型关系结构	关系结构的内涵
供应商协同→服务创新	供应商协同是企业与供应商合作程度，对核心范畴有直接影响作用
知识共创→服务创新	知识共创是企业与内外部参与主体知识交换和整合，对核心范畴有直接影响作用
规制压力→服务创新	规制压力是企业宏观环境对服务创新的保障和限制作用，对核心范畴有直接影响作用
规范压力→服务创新	规范压力是行业规范对服务创新的支撑和保障作用，对核心范畴有直接影响作用
认知压力→服务创新	认知压力是企业间竞争模仿压力对企业服务创新的作用，对核心范畴有直接影响作用
服务创新能力→服务创新	服务创新能力对企业服务创新开展具有核心支撑的能力，对核心范畴有直接影响作用
客户导向→知识共创→服务创新	客户导向能够通过企业知识共创的影响作用间接影响核心范畴

4.3.4　理论饱和度检验

理论饱和度检验（theoretical saturation test）是指在利用资料进行"开放式编码—主轴式编码—选择式编码"后，为了进一步确保理论模型建立的严密性和科学性，检验是否还需要对上述研究范畴作出增添或删减。本研究应用剩余5家制造企业访谈资料，对其依次重新进行扎根编码步骤编码、主轴式编码和选择式编码，并未发现新的范畴出现，验证了"双碳"目标下制造企业服务创新影响因素的典型关系结构。

以QDHE集团为例。2020年9月，中国明确提出了2030年"碳达峰"与2060年"碳中和"的目标，并且国家在制造业高质量发展战略中明确提出了建设制造业强国三个十年"三步走"战略，并重点对第一个十年战略作出了部署，明确提出加速制造与服务融合的步伐，积极促进由生产型制造转向服务型制造。为响应"双碳"目标，QDHE集团以服务化转型为目标，融合工业4.0、工业互联网等模式，作为表率在世界范围内设置了网络联结工厂以实时满足客户偏好，完成由批量制造到批量定制的服务化蜕变，开拓多种服务型业务，在不同领域实施不同战略，所以QDHE集团必须进行转型"三步走"战略。第一步，变革客户与企业惯性思维，使客户关于QDHE集团的定位发生本质上的变革，客户需要意识到QDHE集团不仅是满足他们产品需求的供应商，也是为其提供个性化服务的创造商，在创造过程中需要每一位客户的协助；第二步，使客户与企业紧密联系，QDHE集团的崭新战略步骤需要企业内的每一名员工的积极配合，改变其传统的按部就班的思想，跟踪客户需求挖掘客户偏好以充分施展自身特长与创新意识；第三步，连通企业与客户需求终端，将企业目标与客户需求加以连通，及时将客户需求转变为企业服务输出的需求终端。面向QDHE集团的"三步走"战略部署了深度行动方案：打造企业终端化，充分整合企业资源使企业实现身份转变，由单纯的生产者变为实现客户偏好的终端平台，真正完成企业与客户的交互式创新；打造员工创客化，QDHE集团为企业员工乃至企业外具有创新精神和实干能力的人打造专属的创新平台，为他们提供相应的场地、资金及有关解决方案。截至2016年年初，QDHE集团平台共吸引超过1 000家风投机构，孵化项目已逾1 200个，累计引入资金超过30亿元人民币。截至2017年已打造胶州空调、胶州热水器、沈阳冰箱、郑州空调、顺德洗衣机5个整机互联工厂和2个模块互联工厂。互联工厂整体提升企业生产效率超过30%，产品开发周期缩短一半，产品满意度提高30%。打造客户个性化，通过网络能够突破时间与空间上的障碍，拉近QDHE集团与客户间的距离以便捷获取数据加以分析，针对客户需求采取有目的性的生产和服务，售后过程中对客户实施全阶段服务。截至2017年，QDHE集团的服务创新工作的开展已经由萌芽时期迈入发展时期，累计拥有专利16 316件。其中，海外发明专利528件远超同行业其他企业，发明专利授权占比领跑家电行业，为推动中小企业顺应《中国制造2025》战略发展方向，带动中小企业发展，做好行业带头作用。与此同时，政府积极宣传推动服务型制造、智能型制造的发展，大力实施补贴政策，极大地提升了企业产品的市场竞争力。2018年，QDHE集团着力打造双创示范基地项目，通过积极推进"大众创业、万众创新"，实现了龙头企业在新常态下转型升级方面的探索，将持续总结项目工作中的成功经验和做法，为社会提供可复制和可推广的创新经验和模式，为推动经济结构调整、打造发展新引擎、增强发展新动力、走创新驱动发展道路起到良好的带头示范作用。

综上所述，QDHE集团的访谈资料符合客户导向、供应商协同、知识共创、规制压力、规范压力、认知压力和服务创新能力7个主范畴对核心范畴影响的故事线。依据上述方法分别检验其余4家企业，并未发现新范畴，说明本书中的概念范畴与理论模型均拥有良好的理论饱和度，故停止采样。

4.4　制造企业服务创新影响因素的研究结果

现阶段有关"双碳"目标下制造企业服务创新影响因素的相关研究并未给出权威性的框架，仅对单一因素、粗略的企业创新环境进行分析，导致难以应用于本研究且明显缺乏说服力。本书运用扎根理论对729条原始数据重复循环扎根编码步骤与理论饱和度检验的过程：首先，识别出17个关键范畴，分别定义为直接客户导向、间接客户导向、供应商协同、内部嵌入知识共创、外部联合知识共创、强制政策规制、激励政策规制、行业环境规范、消费环境规范、社会环境规范、竞争需求认知、榜样示范认知、知识获取能力、服务交付能力、创新决策能力、技术研发能力和知识产权保护能力；其次，将17个关键范畴统筹为7个主范畴，即客户导向、供应商协同、知识共创、规制压力、规范压力、认知压力和服务创新能力；最后，明确范畴间故事线以确定影响因素之间的作用关系与典型关系结构，之后对典型关系结构进行饱和度检验以确定研究结果。

从第3章研究所涉及的经典理论可知，基于组织行为理论，企业在整合自身资源的基础上，向企业外部搜寻能够促进企业服务创新发展的知识、能力等资源，通过整合企业内外部资源以促进服务创新发展。根据经典理论的归纳与整理将制造企业服务创新影响因素分为个体层面、企业层面和制度层面三个方面。首先，根据服务主导逻辑理论，企业以客户为导向从事生产或服务，重点关注消费者与生产者以及所涉及的相关价值链协作者的交互联系以实现价值创造的理论，因此将客户导向归为"个体层面因素"；其次，根据新制度主义理论，认为制度是由规制、规范和文化认知三个方面组成，制度约束个体或组织行为，在制度背景下所产生的行为具有一定的规律性，制造企业服务创新受到的制度压力包括规制压力、规范压力和认知压力，因此将其归类为"制度层面因素"；最后，根据资源基础理论和可拓理论，企业自身资源和能力的拓展开发能够为企业创造持久的服务创新竞争优势，企业之间的良性竞争能够为创新发展提供动力，供应商作为影响制造企业服务创新的企业主体，因此将供应商协同、知识共创和服务创新能力归类为"企业层面因素"。综上所述，制造企业服务创新影响因素的典型关系结构，如图4-2所示。

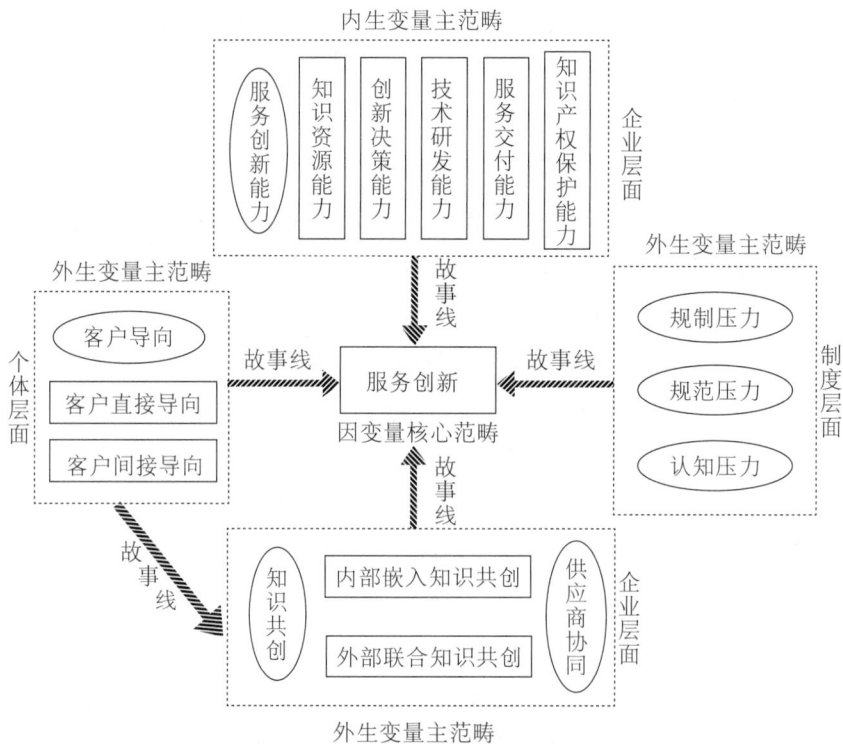

图4-2 制造企业服务创新影响因素的典型关系结构

4.4.1 个体层面

个体层面因素包括客户导向一种类属。

客户导向是企业与客户之间关系优劣程度的衡量，包括直接客户导向和间接客户导向。其中，直接客户导向是指企业与客户主体间直接合作所建立的静态信任程度与知识融合程度，是客户与企业直接通过连接性的语言、行为等方式进行知识、信息交换活动；间接客户导向是指企业与客户主体间沟通、交流和反馈信息的频繁程度以及深度，是客户与企业通过建立长期关系和满足相互的情感需求为目的，以此挖掘客户潜在行为需求的知识交换。

4.4.2 企业层面

企业层面因素包括供应商协同、知识共创和服务创新能力三种类属。

供应商协同是企业与供应商之间关系优劣程度的衡量，是企业与供应商主体之间合作、交互和信息共享的程度，即企业与其他创新主体合作过程中生存依赖程度、互动交流以及资源共享程度的判断。

知识共创是指企业与客户之间通过相互启发、诱导和激励等措施，共同创造新知识的过程，包括内部嵌入知识共创和外部联合知识共创。内部嵌入知识共创指的是外部知识进入企业内部，整合企业内部知识而完成与外部知识融合创造的阶段；外部联合知识共创是指企业外部产生异质性知识，通过对异质性知识元素整合创造新知识的阶段。

服务创新能力是指企业实施服务创新活动所具备的能力，包括知识获取能力、服务交付能力、创新决策能力、技术研发能力和知识产权保护能力。其中，知识获取能力是指企业挖掘、获取和分配原始资源对其加以利用或改进而使其直接应用于服务创新实践的能力；创新决策能力是指根据外界形势明确判断且精准及时地调整企业创新战略并有效推进的能力；技术研发能力是指企业合理利用可获取资源完成新产品或新服务等创新及变革的能力；服务交付能力是指企业根据客户导向进行服务品种设计后所进行的后续经营活动过程，并有效呈现给客户的能力；知识产权保护能力是指企业对来自企业内部研发的智力劳动产生的智力劳动成果所有权保护的能力。

4.4.3　制度层面

制度层面因素包括规制压力、规范压力和认知压力三种类属。

规制压力是指政府因对制造企业转型升级、结构调整的重视将服务化作为企业发展的重要评价指标，对典型企业形成合法性的政策压力，包括强制政策规制、激励政策规制。其中，强制政策规制是指政府出台支持制造企业结构优化、产业升级的强制性规定；激励政策规制是指政府出台关于制造企业开展服务型制造的各项宣传推广活动、融资支持政策及相关税收减免补贴等激励政策。

规范压力是指利用客户或行业内组织导向对企业产生的规范合法性压力，包括行业环境规范、消费环境规范、社会环境规范。其中，行业环境规范是指行业内通过行业认定规范为企业服务创新提供支持和保障；消费环境规范是指消费者对企业服务创新效果的效用、价格和质量等方面的需求程度以及企业对消费者的保护；社会环境规范是指公众的价值观判断、生活惯性、文化传统等对于服务创新环境烘托程度的衡量。

认知压力是指竞争者因重视服务创新问题而与典型企业形成合法性和资源竞赛，进而对典型企业产生的模仿竞争压力，包括竞争需求认知、榜样示范认知。其中，竞争需求认知是指行业内同类竞争企业开展服务创新业务的收益及服务创新市场的需求；榜样示范认知是指行业内典型企业的服务创新成功案例对其他企业的促进程度。

4.5　本章小结

根植于"双碳"目标下我国制造企业服务创新的研究，本章利用扎根理论研究方法识别和探讨了制造企业服务创新的影响因素，为后续制造企业服务创新的影响机理研究打下基础。通过对访谈信息的扎根编码步骤和理论饱和度检验等步骤反复推敲，明确"双碳"目标下我国制造企业服务创新的影响因素并建立了典型关系结构，包括7个影响因素主范畴和17个维度范畴，为后文的研究奠定良好的基础。其中，个体层面因素有客户导向，企业层面因素有供应商协同、知识共创和服务创新能力，制度层面因素有规制压力、规范压力、认知压力。

5 制造企业服务创新的影响机理研究

在第4章中，通过扎根理论研究方法识别了影响制造企业服务创新的影响因素，本章将基于以上研究，结合个体层面、企业层面和制度层面三个方面的影响因素探讨"双碳"目标下制造企业服务创新的影响机理。深入探究各个层面因素对制造企业服务创新的影响机理，以期揭开"双碳"目标下制造企业服务创新影响机理的黑箱。

5.1 个体层面因素对制造企业服务创新的影响

服务的无形性使服务创新有别于传统创新，在依托企业内部能力的基础上，注重客户需求和企业外部知识资源的整合。实践中，客户导向是最直接获取客户需求及企业外部知识的途径。客户导向是以满足客户需求和增加客户价值为初衷，动态适应客户需求的能力。具有良好客户导向的企业，能够持续为企业带来有效知识，大幅度提高企业知识转化率，提升企业服务创新的成功率，实现可持续发展。客户导向强调通过资源知识的使用，发现潜在客户的需求，影响企业开发和创新活动。客户参与到企业服务创新中，角色由服务获得者向服务提供者转变，客户承担企业后续服务创新导向的重担，将自身需求知识准确提供给企业。以客户为导向的企业更了解客户现在以及未来的需求，企业会根据客户需求对产品和服务作出相应调整，以满足潜在客户需求。除了客户直接提供的信息外，还有一些潜在的信息需要企业通过与客户之间的交流来深入挖掘，以提高客户与企业间的知识共享和创造。

5.1.1 客户导向的直接作用

学术界对于客户导向的概念还未形成统一规范，不同学者针对各自研究领域和研究方向，给出的客户导向概念也不尽相同。早期"客户导向"一词是从市场导向的营销理论中演变而来，著名管理学家彼得·德鲁克认为客户需求是整个企业活动的核心及出发点，是指在经营过程中注重调查分析客户的消费水平、消费特点和购买行为，关注在研发和运营方面的创新以不断契合客户需求。关于客户导向最广泛的定义是在1990年由 Kohli 提出的，即客户导向是指对客户及当前阶段潜在需求信息的了解。1996年，Grant 进一步指出客户导向是提升组织价值、组织信任、组织履行承担责任的能力及实现客户—企业双向互动关系的基础和平台。进入21世纪，Zomerdijk 等强调通过资源知识的使用，发现潜在客户需求，影响企业开发和创新活动。孔婷等将客户导向定义为企业从客户处获取并应用信息，按照客户需求制定企业产品战略并在组织中实施的程度。客户参与到企业服务创新中，角色由服务获得者向服务提供者转变，客户承担企业后续服务创新导向的重担，将自身需求知识准确提供给企业。以客户为导向的企业更了解客户现在以及未来的需求，企业会根据客户需求对产品和服务作出相应调整，以满足潜在客户需求。除了客户直接提供的信息外，还有一些潜在的信息需要企业通过与客户之间的交流来深入挖掘，以促进客户与企业间的知识共享和创造。在对制造企业服务创新的研究中，由于服务创新具有复杂性、多样性、预见性等特征，制造企业想要获取创新活动所需的知识和资源，就需要和客户主体建立具有嵌入性和相互依存性的共生合作关系。

5.1.2 客户导向的维度

在客户导向所包含的内容维度方面，部分学者未对客户导向进行划分，仅研究客户导向单一维度的作用，但是增加关注客户这一维度可以帮助企业更好地了解客户的诉求和未来的需求偏好。客户导向的产生必须同时满足收集目标对象的客户资料和偏好、获取需求以及时作出应对、在企业内部扩散客户相关信息。考察客户导向时需要着重关注企业员工的抗压能力以及客户的偏好这两个方面，研究是站在员工能力视角来分析客户导向，并且客户导向受到企业员工的热情和积极程度的直接影响。国内对该领域的研究起步较晚，一部分学者认为客户导向的实质包括了价值观、文化与行为等多层次的内容，可是针对企业研究应侧重于实践层面而非理论层面。对企业来说，客户导向的实质是客户参与购买或消费时产生的具体感知。另一部分学者认为，客户导向是企业客户关注、客户参与以及客户沟通程度的集合，并以这三个维度划分客户导向。因此，本书在扎根理论研究的基础上，对文献进行系统梳理，围绕不同创新任务和客户个体间的差异，将客户导向分为直接客户导向（direct customer orientation，DCO）和间接客户导向（indirect customer orientation，ICO）两个维度。

一、直接导向与服务创新

制造企业与客户主体之间的直接客户导向主要是指客户与企业直接通过连接性的语言、行为等方式进行知识、信息交换活动。客户直接参与到制造企业服务创新是一种普遍行为，没有客户的参与会导致许多服务创新活动无法开展。企业与顾客的直接互动关系是企业进行服务创新的前提，对制造企业整个产品生命周期的变化都有促进作用。制造企业通过服务创新以新的商业模式或经过重大改进的服务直接为客户创造价值。客户通过直接提供信息或参与知识创造等方式参与企业活动，所产生的效果会根据客户的参与程度有所增减。在制造企业中，客户更关注产品的使用体验，即服务过程而非生产过程，由此客户身份由服务的被动接收者转变为合作生产者，导致客户自身的地位和责任都发生了改变。为了更好地推动企业开展服务创新，客户承担自身责任直接将需求准确无误地传递到企业。优秀的制造企业具有充分利用客户资源的能力，通过服务主导逻辑导向和资源交互能力的提升，实现客户价值感知。企业为客户搭建社交网络平台和商务网站平台，客户将自身诉求和期望发布于网站或在线提供设计和创意，帮助企业与客户之间进行直接知识交互和转移。客户既是企业服务创新过程中的创新资源，也是商业资源，客户通过不同的参与方式参与企业创新活动所形成的知识，能够促进企业在服务概念、服务流程、技术应用等方面的创新，客户对企业提供的直观信息越多，越有助于企业服务创新的实现。可见，直接客户导向正向作用于制造企业服务创新。

二、间接客户导向与服务创新

制造企业与客户主体之间的间接客户导向主要是指客户与企业以建立长期关系和满足相互的情感需求为目的，以此挖掘客户潜在行为需求的知识交换。制造企业需要通过定位客户需求并对该需求所需的服务创新资源进行评价，识别出企业技术资源、管理资源和渠道资源等方面的不可复制性和稀有性，分类对比找出企业从事服务创新的短板。与客户建立长期的联系，以深入挖掘制造企业贯穿于产品生命周期的售前咨询、销售、售后服务及维修回收等服务资源，重点生成集成的解决方案和不可替代的创新服务。企业利用市场调研、云计算和大数据处理等方式深层挖掘客户需求，打破了制造企业原有的发展模式，为制造企业发展服务创新奠定了基础。企业还可以通过解决客户的抱怨和投诉来促进企业服务的改善，甚至提供新的思想。在挖掘客户潜在行为的过程中能够降低新服务开发的模糊性和非确定性，还能够及时为企业提供互补性知识进而刺激服务创新。唐承鲲（2016）通过实证研究表明，客户参与企业新产品研发的深度和广度能够推动企业进行服务创新。此外，循序渐进地引导客户间接参与企业产品或服务的研发，可以有效降低企业错误理解市场信息的风险。可见，间接客户导向正向作用于制造企业服务创新。

基于此，提出以下假设：

H_1：制造企业客户导向（CO）对服务创新（FWCX）有正向促进作用。

H_{1a}：直接客户导向（DCO）对服务创新（FWCX）有正向促进作用。

H_{1b}：间接客户导向（ICO）对服务创新（FWCX）有正向促进作用。

5.2 企业层面因素对制造企业服务创新的影响

5.2.1 供应商协同的调节作用

供应商协同（supplier collaboration，SC）是企业与供应商之间合作、交互和信息共享程度，专注于企业间的价值创造过程的关系，已被证实是企业发展新产品和新服务的重要途径。着眼于企业实践环节，供应商协同创新能够有助于企业服务创新增长。在与供应商协同创新的过程中，企业能够发挥自身所长、弥补自身所短，如拓展新服务、优化研发与运营流程、缩短服务及产品的开发时间、减少服务或产品推广的风险等诸多可取之处。例如，美国波音公司、克莱斯勒公司、我国的海尔集团和宝钢集团等知名企业皆在供应商协同参与企业创新阶段获得了一定成果。

从学术视角来看，已经有学者对供应商参与服务创新展开了理论层面探索，研究结论基本统一，认为供应商协同对企业服务创新具有正向的作用，可是欠缺实证研究部分而导致说服力不强。研究指出客户承诺、供应商与客户间的依存程度、供应商自身研发能力以及客户的创造能力等都对供应商参与企业新服务具有一定的影响，并且具有正向作用。供应商参与对企业服务创新传递的效果有促进作用，在服务概念雏形阶段，供应商可以协助企业识别新技术，帮助企业了解服务创新最新动态；在服务设计阶段，供应商可以向企业提供服务设计建议和原材料选择建议；在服务创新评价阶段，供应商协同可以支撑起企业测评的全阶段，以达到促进创新的效果。在此基础上，供应商协同阶段也有助于为企业高层人员填补企业未曾考虑到的层面，进一步协助企业服务创新活动的成功开展，进而增加企业新产品或服务开发的可能性。供应商不仅能够为企业带来服务创新的成功，也会为创新过程带来更多的附加价值。

以企业为核心的传统观点将客户置于价值链之外，站在以客户为核心的全新角度，客户能够引导企业在何时何地以何种方式创造价值。因此，一个以客户为导向的企业专注于核心产品的同时，也要尝试与合作者协同共同满足客户差异化需求。客户导向企业确定关键的资源和能力，但其中一部分资源无法从公司内部获得，与供应商开展合作有其不可替代性，能够帮助企业实现其战略目标和创造持续的资源竞争优势等。部分学者提出，与供应商的合作十分少见，但它有其不可替代性，并且难以模仿，因为企业间的关系通常重复已有的合作经验和关系，供应商协同水平越强，客户导向对企业服务创新的影响越积极。另一部分学者发现，与具有研发能力的供应商合作有助于企业产品创新。供应商协同能够改善客户导向与企业服务创新的关系。以客户为导向的企业更需要加强与供应商的合作，依靠供应商的研发能力，进一步挖掘企业服务创新。基于此，提出以下假设：

H_2：供应商协同（SC）在客户导向（CO）和服务创新（FWCX）之间的关系中起到调节作用。

H_{2a}：供应商协同（SC）在直接客户导向（DCO）和服务创新（FWCX）之间的关系中起到调节作用。

H_{2b}：供应商协同（SC）在间接客户导向（ICO）和服务创新（FWCX）之间的关系中起到调节作用。

5.2.2 知识共创与制造企业服务创新

知识共创（knowledge creating，KC）是企业与客户之间通过相互启发、诱导和激励等措施，共同发现和创造新知识的过程。企业一般在获取客户知识后，经过企业内部整合、共享，或将客户自身知识与企业知识、技能融合等措施创造出新的知识。根据上文对影响因素的识别，将知识共创划分为内部嵌入知识共创和外部联合知识共创两个部分。

一、客户导向与知识共创

知识共创的前提是信息共享与互动。知识包括隐性知识和显性知识，其中隐性知识包括个人的经验、技能、观点、直觉、价值观，以及创造性的过程等，但由于其难以捕捉且不易获得的特性，增加了知识交换的难度，因此需要采取相对复杂的手段来获取；显性知识又称文字化的或可视化的知识，它可以通过正式或系统的语言文字进行传输，也可以通过沟通等方式进行简单交换。企业通过与客户的长期互动，获取客户手中有关市场需求、产品使用体验等大量异质性资源。企业进一步将这些资源整合、提炼，结合企业原有的知识技术，创造出新的知识。同时，客户对所能提供的相关产品的知识和信息是无意识的，为了确保客户和企业之间能够高效沟通和传递知识，企业需要提前为客户提供一个能够获取企业知识、背景等信息的场所，以便客户直接有效地贡献知识。每个客户都拥有企业进行产品／服务创新时所需的资源和知识，由于其特殊性而无法准确表达，此时需要企业加以引导来获得客户所贡献的知识。企业围绕某一特定的创新任务持续对客户进行引导，能够使客户产生日常中无法表达和思考的知识。

企业与客户建立长期稳定的关系，有利于培养客户的信任度，从而获得高质量的知识创造。信任是知识管理和知识创造的关键变量之一，也是促进知识分享和知识共创的重要因素。客户与企业可以通过网络建立合作关系，能够有效增强与客户间的交流互动，在提升客户创造力的同时，帮助企业发现更多的新知识。对客户采取激励机制，如网络有奖创意征集活动等，客户回复自己的创意，也可以与其他客户或企业成员交流，在评论的过程中会迸发出新的想法，创造源源不断的新知识，不仅有助于建立企业与客户间的情感联系，还能激励和引导客户的创造力。企业与客户互动的过程，是一个相互学习、相互促进的过程，尤其当客户的建议被企业采纳时，会使其感到愉悦并提高其进一步创造知识的热情。

基于此，提出以下假设：

H_3：客户导向（CO）对知识共创（KC）有正向促进作用。

H_{3a}：客户导向（CO）对内部嵌入知识共创（NBKC）有正向促进作用。

H_{3b}：客户导向（CO）对外部联合知识共创（WBKC）有正向促进

作用。

二、知识共创与服务创新

以知识为植根的企业观点认为，知识是企业的关键资源，是提高企业创新优势的源泉。服务创新是一种理念，提高服务且付诸实践，是支持组织发展其服务技能，并定义设计阶段，以发展服务。Gibbert 等（2002）研究发现，与客户共同创造知识能够促进企业各个方面的创新能力，且对客户满意度和忠诚度有正向作用。知识共创的良性循环，还能够增加企业知识的独特性和不可替代性，成为企业潜在服务创新的源泉。例如，亚马逊通过客户知识管理了解客户的需求，从而进行服务创新。企业为客户提供的服务，来源于企业与外界不同成员的知识整合和创造，有利于企业服务创新的成功。对供应商来说，知识的长处在于对供应商进行合理的划分，当然建立专属的内外部知识网络是必要的，可以借助知识共享促进企业服务创新。

多学科知识在创新过程中被联合应用，有利于创新的开展。随着知识的界限日益模糊，产品间的不确定性和继承性逐渐增长，组织学习、知识转移、知识异质性等维度构建的知识共创体系对企业服务创新有直接作用。组织网络中存在的不同类属的知识能够伴随组织成员的差异化属性而产生交互影响，必须结合实际问题来改变知识结构。客户、供应商以及企业等主体共同参与的知识共创能够有效对企业服务能力产生促进作用，以提升产品或服务的市场竞争力，还可以借助应用型学习将知识扩散于组织中。可见，知识共创正向作用于服务创新。

基于此，提出以下假设：

H_4：知识共创（KC）对服务创新（FWCX）有正向促进作用。

H_{4a}：内部嵌入知识共创（NBKC）对服务创新（FWCX）有正向促进作用。

H_{4b}：外部联合知识共创（WBKC）对服务创新（FWCX）有正向促进作用。

三、知识共创的中介作用

知识共创的前提是信息共享与交流。企业通过与客户的长期互动，以获取客户手中大量异质性资源，并结合企业原有的知识技术进行整合、提炼，创造出新的知识。客户对于所能提供的知识和信息是无意识的，为了确保客户和企业之间能够高效地传递知识，企业需要为客户提供一个能够获取企业知识、背景等信息的场所，以便客户直接有效地贡献知识。企业通过与客户建立长期稳定的关系，有利于培养客户的信任度，从而获得高质量的知识创造。客户与企业可以通过网络建立合作关系，能够有效增强与客户间的交流互动，在提升客户创造力的同时，帮助企业发现更多的新知识。企业与客户互动的过程是一个相互学习、相互促进的过程，尤其当客户的建议被企业采纳时，会使其感到愉悦并提高其进一步创造知识的热情。

以知识为基础的企业理论认为，知识是企业的关键资源，是提高企业创新竞争优势的源泉。服务创新是一种理念，提高服务且付诸实践。卢俊义等（2011）研究发现，与客户共同创造知识能够促进企业各个方面的创新能力，且对客户满意度和忠诚度有正向作用。知识共创的良性循环，还能够提高企业知识的独特性和不可替代性，成为企业潜在服务创新的源泉。作为服务科学的基本研究对象，知识对企业创新的正向影响已经达成了统一，服务创新过程的本质规律实际是内部能力资源经过交织作用而实现知识互换的过程，实证发现服务创新受到来自企业与外界不同成员的知识整合和创造，具有显著的正向作用。蒋楠等（2016）运用截面数据分析，验证了知识共创对服务创新有显著的正向影响。Jia（2012）指出知识共创能够有效衡量知识资源在企业与个体之间的流通作用，通过这种作用能够进一步增加个体对企业的价值，以达到提升企业创新能力的作用。

基于此，提出以下假设：

H_5：知识共创（KC）是客户导向（CO）与服务创新（FWCX）的中介变量。

H_{5a1}：内部嵌入知识共创（NBKC）是直接客户导向（DCO）与服务创新（FWCX）的中介变量。

H_{5a2}：内部嵌入知识共创（NBKC）是间接客户导向（ICO）与服务创新（FWCX）的中介变量。

H_{5b1}：外部联合知识共创（WBKC）是直接客户导向（DCO）与服

务创新（FWCX）的中介变量。

H_{5b2}：外部联合知识共创（WBKC）是间接客户导向（ICO）与服务创新（FWCX）的中介变量。

5.2.3 服务创新能力的调节作用

根据第4章中运用扎根理论质化研究方法得到的影响因素识别结果，将服务创新能力分为知识获取能力、创新决策能力、技术研发能力、服务交付能力和知识产权保护能力。

知识获取能力是指企业识别、取得、配置以及利用创新资源进而实现创新资源倍增和涌现的能力。根据资源基础理论，企业的本质是各类资源约束而形成的集合，企业获取知识资源的能力是其获得竞争优势的主要来源之一。知识获取能力体现于对获得的知识能否最大合理化应用，能否从不同渠道获取异质性知识，能否有效地作用于外部企业、研究单元等组织形成联盟协同攻关。在竞争日益白热化的市场环境下，企业可以借助对知识的获取来拓宽企业原有的知识渠道，打破常规知识资源的局限以促进服务创新。制造企业服务化转型的关键目的是突出制造企业由传统的追求收益转向以实现客户偏好为目标的思维方式，主张在为客户提供有品质的服务或产品的同时，为客户提供更有效且贴合客户需求的成体系的对策，从而实现市场价值，促进服务创新的开展。研究表明，这种有效且贴合客户需求的一系列的服务提供方式均源自对客户知识的识别和探求。Anna（2015）发现知识获取对延伸企业知识的扩展面有切实帮助，使企业可以开展多种创新性的拓展示范，从而促进企业创新。另外，知识获取大幅度节约了企业的开发时间，有效提高了企业的开发水平与效率，对企业内部员工的生产和服务积极性有调动作用，从而提升了创新动力。Ki（2014）的研究表明，通过企业与其合作单元之间的知识互动而获取的知识有助于创新的实现，开放创新以获取外部知识相较于闭门造车反复利用内部知识可以有效促进企业服务创新的发展。

创新决策能力是指企业依据外部环境变化做出及时且适宜的战略决策调整，并有效推进的能力。企业的创新决策能力与企业的服务创新息息相关，创新决策的合理性与决策的程度和目标都会影响企业服务创新。由此可见，对企业来说，创新决策能力是必不可少的组织协调与战略决策方面的所长，也是作为企业联结外部环境以及内部资源的关键枢纽，拥有精准创新决策的企业能够细致地、有针对性地实时根据环境变化对企业创新战略加以调整，进而动态化地分配内部有限资源推进服务创新的成功。Miller等（2014）实证发现，具有良好创新决策能力的企业在开展战略调整决断时能够迅速感应环境变化，作出应对，及时提防创新风险，并通过企业创新活动的开展加以呈现。Deshpande（1993）在研究市场需求与创新决策间的相关性时发现，企业进行创新决策时通常需要大量参考市场需求以明确当下发展需要，制定有针对性的决策以促进企业的可持续发展，实现竞争优势，最终达到服务创新的目的。对制造企业而言，服务创新是忧喜参半的存在，针对性强的创新决策可以有助于推进企业挖掘潜在创新机会，促进转型发展，及时布局计划和调整战略，还可以有效防御开展服务创新初期所面临的风险，优化企业关键能力的输出作用，切实帮助企业达成服务创新。

技术研发能力是指企业对内外部资源进行合理配置以完善新服务或新产品的变革和创造性改进的能力。技术研发能力是企业的重要资产，隐藏在企业的产品或服务中。技术研发能力往往是一个企业创新和长期竞争优势来源的驱动力。为了应对不断变化的市场需求和客户要求，企业通常需要不断使用新技术，以改善现有产品或创建新的专业渠道和服务。企业技术研发水平高超对于新知识的利用和对外界知识的消化速度都会有所增强，合理利用技术研发能力将对企业创新发展有巨大的帮助。技术能力是有价值的，因为它会促进企业产品或服务的改进和创新，增加了客户的价值或降低了企业的成本结构。此外，如果企业本身不具备技术能力和知识，通常很难理解对产品或服务进行了何种改进，企业竞争优势是通过技术能力创造的，企业技术能力越强，客户导向对企业服务创新的改善就越紧密。对于以客户导向为重的公司，其拥有的技术能力旨在不断满足客户需求与提供卓越的产品或服务。

服务交付能力是指企业根据客户导向进行服务品种设计后所进行的后续经营活动过程，并有效呈现给客户的能力。从理论上来看，服务交付能力为企业基本服务提供了基础，企业间的竞争已逐渐由产品的竞争转变为服务的竞争，同样类别的产品竞争界限越来越模糊。具有服务交付能力的企业会进行持续的组织和技术创新，不断改进技术服务流程和效率，为客户提供更好的优质新服务，以防止客户转投竞争对手。制造企业能够塑造员工态度和行为，以优化技术服务流程，实现服务创新的成功，提升服务创新。服务交付过程的发展与竞争者的行为密切相关，由于市场竞争加剧会导致客户的多种服务选择，因此制造企业必须不断地关注客户需求变化，以确保客户在竞争对手的替代品中选择消费自身的服务产品。制造企业处于稳定的市场环境中时，能够主动识别竞争对手的行为并为其新的技术服务流程提供创新属性，有能力专注于为客户创造新的技术服务过程，产生优于对手的竞争优势。

知识产权保护能力是指企业对来自企业内部研发的智力劳动产生的智力劳动成果所有权保护的能力。制造企业开展服务创新活动的契机也触动了不劳而获者并使得侵权问题的层出不穷，每当有新成果刚刚投入市场，便会有伺机模仿者利用粗糙的抄袭产品或服务抢占市场份额。加之服务具有无形性和易于模仿等特征，增强企业自身的知识产权保护能力，无论是对于制造企业服务创新的良性发展，还是提升企业服务创新都有深远意义。基于此，提出以下假设：

H_6：服务创新能力（CXNL）在客户导向（CO）和服务创新（FWCX）之间的关系中起到调节作用。

H_{6a1}：知识获取能力（HQNL）在直接客户导向（DCO）和服务创新（FWCX）之间的关系中起到调节作用。

H_{6a2}：知识获取能力（HQNL）在间接客户导向（ICO）和服务创新（FWCX）之间的关系中起到调节作用。

H_{6b1}：创新决策能力（JCNL）在直接客户导向（DCO）和服务创新（FWCX）之间的关系中起到调节作用。

H_{6b2}：创新决策能力（JCNL）在间接客户导向（ICO）和服务创新（FWCX）之间的关系中起到调节作用。

H_{6c1}：技术研发能力（YFNL）在直接客户导向（DCO）和服务创新（FWCX）之间的关系中起到调节作用。

H_{6c2}：技术研发能力（YFNL）在间接客户导向（ICO）和服务创新

（FWCX）之间的关系中起到调节作用。

H_{6d1}：服务交付能力（JFNL）在直接客户导向（DCO）和服务创新（FWCX）之间的关系中起到调节作用。

H_{6d2}：服务交付能力（JFNL）在间接客户导向（ICO）和服务创新（FWCX）之间的关系中起到调节作用。

H_{6e1}：知识产权保护能力（BHNL）在直接客户导向（DCO）和服务创新（FWCX）之间的关系中起到调节作用。

H_{6e2}：知识产权保护能力（BHNL）在间接客户导向（ICO）和服务创新（FWCX）之间的关系中起到调节作用。

5.3 制度层面因素对制造企业服务创新的影响

根据第3章相关理论比较分析，发现新制度主义理论认为制度是由规制、规范和认知三个方面组成，制度约束个体或组织行为，在制度背景下所产生的行为具有一定的规律性。本章在新制度主义理论的基础上，分别探讨制度层面因素中规制压力、规范压力和认知压力三个方面对制造企业服务创新的影响。

5.3.1 规制压力与制造企业服务创新

规制压力（regulation pressure，RP）是指政府因对制造企业转型升级、结构调整以及环境保护的重视将服务化作为企业发展的关键测评指标。通过典型企业扩散合法性的政策压力，规制压力分为强制政策规制、激励政策规制两类，部分研究发现不同类型的规制压力对服务创新的影响也有所不同。政府干预理论指出，国家作为市场发展的调控者，需要针对不同阶段经济发展问题有侧重地制定相应政策法规。政府强制性政策的欠缺严重制约了我国制造业服务化的发展，畏惧政府强制性政策所带来的处罚或警告等是企业采取服务化转型的主要动力。立足于国家碳达峰和碳中和战略目标，加之制造业竞争愈演愈烈及客户偏好的差异化、丰富化的大环境，通过制定扶持性财税政策，政府凭借规范和扩大扶持性政策的支持范围及力度等方式推动制造业服务化进步。借鉴发达国家经验，如美国政府积极帮助企业设置知识互通平台，目的是将制造企业服务创新的模式扩散至更多的传统企业。在制造企业服务化进程中，公共财政对于政府宏观调控具有难以估量的意义，要果断应对财政支持政策的积极影响，协力攻关以攻克制造业发展困境，使制造企业大跨步迈向价值链高端，实现中国制造企业处于世界核心地位的目标。强制政策规制是通过使用干预压力强行规制制造企业开展服务创新；激励政策规制则是通过为制造企业构建服务化交流平台、营造规范化的商业环境、积极采取各项补贴政策等方式，吸引制造企业开展服务创新活动。基于此，提出以下假设：

H_7：规制压力（RP）对服务创新（FWCX）有正向促进作用。

5.3.2　规范压力与制造企业服务创新

规范压力（normative pressure，NP）是指利用客户或行业内风向标或引导产生面向企业的合法性压力，可分为行业环境规范、消费环境规范、社会环境规范三类。企业应对源于行业组织、职业机构、理论协会等的关于社会行业规范的行为导向和价值引领，根据标准对同一行业中的不同企业进行比对，且尽可能将身处同一背景下的企业单元维持统一标准和规范水平。各国政府纷纷建立相应的行业规范以支持本国制造企业服务化发展。例如，日本政府着手修缮完整的标准体系和基层建设，制定出有关行业认证的 25 种标准体系，为制造业服务化的推进提供关键保障，以构建行业组织和职业机构的形式深化对服务创新市场的规范。又如，芬兰政府开创了服务创新日，每年拿出一天时间搭建服务化转型企业的交流平台，企业管理者们齐聚一堂共同为行业组织规范的出台献计献策。

客户和行业内组织作为核心的规范压力，是企业服务创新的关键推动力。伴随行业中规范压力的提升，企业为了达成行业期许会迸发无比迫切的服务创新愿望。客户和行业内组织对企业的服务创新愿望，能够帮助企业实现愿望、达成预期，从而深化企业关于服务创新结果的正面预期。在面对社会环境规范压力下，企业将积极利用自身的社会资源，寻求资源的支持以开展服务创新活动。企业借助社会各界的资源以取得所需的创新要素，这可以看作是主观客观联动的过程，帮助企业达成服务创新目标。在消费环境规范压力的大背景下，企业具有更迫切的行为导向性，能够十分轻易地将客户压力转变为创新动力，以实现服务创新。通过这一阶段，客户与企业能够增强彼此间的依存，并恰当地化解合作阶段中发生的纠纷等。从规范压力与服务创新的关系来看，在规范压力下，企业应积极面向外界分享和示范服务创新成果，这将使企业频繁应用已经取得的服务创新资源，深化资源价值以促进服务创新发展。基于此，提出以下假设：

H_8：规范压力（NP）对服务创新（FWCX）有正向促进作用。

5.3.3　认知压力与制造企业服务创新

认知压力（cognitive pressure，CP）是指市场中存在与开展服务创新的典型企业构成竞争关系的企业，二者间展开的资源争夺以及对典型企业带来的抢占市场的压力，分为竞争需求认知、榜样示范认知两类。存在于社会环境的企业与个人拥有融入性和对优秀企业展开模仿来促进竞争力的倾向，尤其是在环境动荡或不确定因素较高时，企业会根据同行业典型企业的优秀市场行为而改变自身战略，并选取与之类似或相同的战略。由于制造企业进行服务化转型过程中充满了不确定性，而对市场中已成功的商业模式或产品服务加以模仿或改进，可以合理规避企业服务创新转型时期即将产生的风险，将转型阶段可能存在的收益损失防患于未然。由此可见，竞争模仿已然是企业在转型阶段实现企业服务创新的常见做法，开展服务创新显然是当前制造企业获取竞争优势的主要途径。某些新兴企业或处于转型期的企业会效仿相似的或典型的企业，抢占市场，企业对行业典型展开模仿行为主要源于处于同行业中企业之间外部资源、组织结构以及战略目标等的高相似度及其剧烈的相互作用。企业纷纷效仿业内典型企业的主要原因是，行业场域的典型企业有着行业权威的典范和引领作用，其他企业以模仿的方式效仿行业场域中实力强、口碑好、做法先进的典型企业的转型经验，能够合理规避转型前期以及开展服务创新之初的风险，提高服务创新的成功率。基于此，提出以下假设：

H_9：认知压力（CP）对服务创新（FWCX）有正向促进作用。

根据上文的理论模型和关系假设，研究明确了研究变量及其之间的关系。从不同层面将文中所涉及的变量绘制成概念模型图，如图5-1所示。

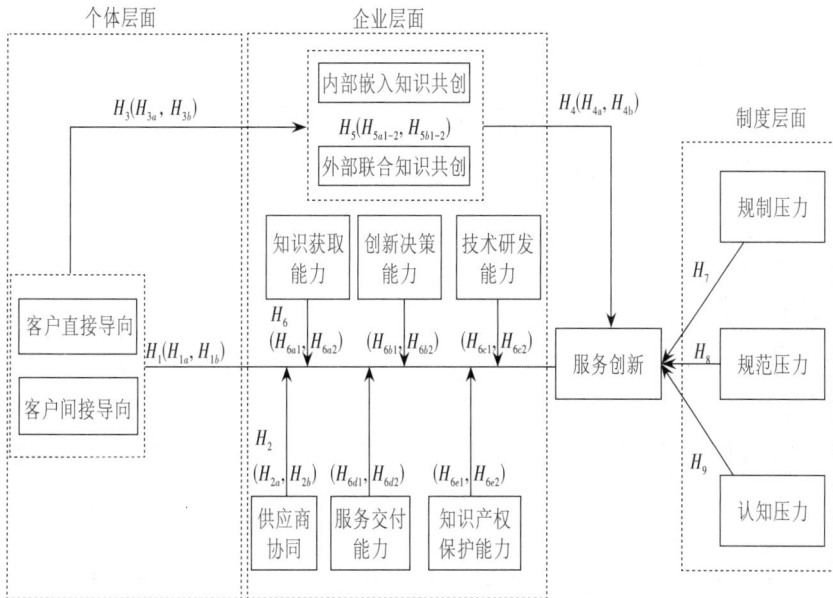

图5-1　概念模型图

5.4　实证分析与结果

5.4.1　样本选取与数据收集

一、样本选取

鉴于研究的实际情况，将调查范围锁定在国内具有一定规模的制造企业，依照证监会行业分类办法，研究从国泰安数据库（www.gtarsc.com）中选取拥有详细联系方式和通信地址的上市制造企业。为了确保调查样本的数量和质量，以保证实证结论的真实性、客观性，研究采用以下方式发放调查问卷：（1）向上述上市公司发放纸质问卷或通过 E-mail 和电话沟通等方式对被测试者进行调查，避免了现场发放问卷的地理限制问题。（2）以导师及课题组的研究项目为契机，应用实地调研方式逐一走访调研开展深度访谈，一对一指导被测试者完成问卷。由于问卷内容涉及制造企业经营活动和战略，因此被试对象选取所调查企业的高层领导及熟悉企业服务创新实践活动的相关管理人员。

二、数据收集

在2016年9月至12月及2017年3月至6月期间分别进行了两次集中调研，通过上述方式匿名发放调查问卷527份，回收461份，问卷回收率为87.5%，剔除37份无效问卷，得到有效问卷424份，问卷有效回收率为80.5%。按照以往学者的研究经验，应用调查问卷方式开展实证研究的样本数需要超过150份，样本总数至少要达到研究变量数量的5~10倍，可见本研究得到的有效问卷数量（424份）符合实证研究关于问卷数量的要求。

经统计收集的样本特征和被测试者特征分布情况见表5-1、表5-2，样本主要分布于全国30个省、自治区、直辖市（未包括西藏自治区）。

表5-1　　　　　　　　**样本企业特征统计（$n=424$）**

指标	指标特征	样本量	百分比（%）	累计百分比（%）
企业规模	500人及以下	114	26.89	26.89
	501~1 000人	152	35.85	62.74
	1 001~2 000人	71	16.75	79.49
	2 000人以上	87	20.51	100.00
企业年龄	5年及以下	43	10.14	10.14
	6~10年	98	23.11	33.25
	11~20年	171	40.33	73.58
	20年以上	112	26.42	100.00
所有制类型	国有或国有控股	227	53.54	53.54
	私营或民营控股	128	30.19	83.73
	其他	69	16.27	100.00

续表

指标	指标特征	样本量	百分比（%）	累计百分比（%）
行业类型	造纸及纸制品制造行业	11	2.59	2.59
	橡胶和塑料制品行业	9	2.12	4.71
	木材加工和木、竹制品行业	6	1.42	6.13
	金属制品行业	9	2.12	8.25
	通用设备制造行业	84	19.81	28.06
	专用设备制造行业	72	16.98	45.04
	机械设备制造行业	127	29.95	74.99
	计算机及电子设备制造行业	59	13.92	88.91
	铁路、船舶、航空航天及其他运输设备制造行业	39	9.20	98.11
	其他制造行业	8	1.89	100.00

表5-2 被测试者特征统计（n=424）

指标	指标特征	样本量	百分比（%）	累计百分比（%）
性别	男	301	70.99	70.99
	女	123	29.01	100.00
年龄	30周岁及以下	68	16.04	16.04
	31～45周岁	192	45.28	61.32
	45周岁以上	164	38.68	100.00
受教育程度	本科及以下	115	27.12	27.12
	硕士研究生	261	61.56	88.68
	博士研究生	48	11.32	100.00
工作年限	5年及以下	65	15.33	15.33
	6～10年	93	21.93	37.26
	11～20年	152	35.85	73.11
	20年以上	114	26.89	100.00
职位	中层管理人员	285	67.22	67.22
	高层管理人员	139	32.78	100.00

从样本所在的企业规模来看，正式职工人数不超过500人的企业占26.89%，大于500人且小于1 000人的企业占35.85%，超过1 000人的企业占37.26%；从样本所在企业年龄来看，截至被调查日，企业成立5年及以下的占10.14%，企业成立6～10年的占23.11%，企业成立11～20年的占40.33%，企业成立20年以上的占26.42%；从样本所在的企业行业类型来看，造纸及纸制品制造行业占2.59%，橡胶和塑料制品行业占2.12%，木材加工和木、竹制品行业占1.42%，金属制品行业占2.12%，通用设备制造行业占19.81%，专用设备制造行业占16.98%，机械设备制造行业占29.95%，计算机及其他电子设备制造行业占13.92%，铁路、船舶、航空航天及其他运输设备制造行业占9.20%，其他制造行业占1.89%；有53.54%的企业属于国有或国有控股，有30.19%的企业属于私营或民营控股。按照被测试者的性别划分，男性占70.99%，女性占29.01%；按照被测试者的年龄划分，31～45周岁者占比最多为45.28%，45周岁以上者次之占38.68%，30周岁及以下者最少占16.04%；按照被测试者的受教育程度划分，硕士研究生占比最多为61.56%，本科及以下次之占27.12%，博士研究生最少占11.32%；按照被测试者的工作年限划分，企业管理者工作年限在5年及以下的仅占15.33%，多数工作年限集中在11～20年和20年以上，分别占35.85%、26.89%。由此可见，本书所选取的企业和被测试者的指标情况较好，均有明确的分离度及广泛的典型性，符合实证研究要求。

5.4.2　量表设计与变量测度

在验证前文假设前，必须对理论模型与假设相关联的变量予以量表设计和有关检验程序。量表设计的效果将对实证结论的准确性和有效性产生直接影响，因此为了确保测量量表的信度和效度，本书尽可能采用源自国内外公开发表的文章或著作中的权威量表，通过广泛阅读和参考学术文献，综合制造企业实地走访、访谈与指导教师和相关领域学者的建议，将有关测量题项加以翻译、调整与修缮，以便既能体现我国制造企业的实际情境，又尽可能契合研究的实际需要。此外，本书进一步对本校 MBA、MPA 以及专业硕士中所任职于制造企业相关单位的 59 名领导学员开展小样本预测试，进行面对面访谈，以检查测量项目和相关的做法是否适当、重要的项目是否有遗漏等。针对测试结果修正量表内部分题项，进一步剖析预测试数据结果，各变量的 Cronbach's α 值、KMO 值、Bartlett's 球状检验的显著性，各变量对应因子载荷和累积方差贡献率等指标均通过检验（后文将详细阐述），依照预测试中受访者信息回馈的情况，调整和修正量表格式以构成最终调查问卷。

在以往的社会学、经济学等方面的研究中，通常采用五分量表、七分量表，甚至是十一分量表，本书结合我国实际情况，考虑到受访者的选择舒适点偏向"中庸"，采用六分量表具有更好的测量效果。因此，本书采用从 1~6 的 Likert6 分度量表法进行变量的测量，避免给受访者中间项的选择，其中 1 分表示强烈反对，6 分表示完全赞同，语义的肯定程度与分数成正比。本书涉及的研究概念包括客户导向、知识共创、供应商协同、服务创新能力、规制压力、规范压力、认知压力和服务创新 8 个变量。

一、解释变量

（1）个体层面因素

客户导向（CO）。客户导向设定直接客户导向和间接客户导向 2 个维度进行测量。直接客户导向主要借鉴 Hillebrand 等（2011）和 Deshpande 等（1993）的研究量表，结合扎根理论设计 5 个题项（DCO1~DCO5），考察客户参与、客户分享等；间接客户导向主要借鉴 Qiang 等（2016）的研究量表，设计了 5 个题项（ICO1~ICO5），考察客户关系的持续性、关系保持等，见表 5-3。各题项均采用 Likert6 分制，得分越高，表明企业受到客户导向的影响越大。

（2）企业层面因素

供应商协同（SC）。供应商协同主要借鉴 Koufteros 等（2007）和 Ahuja 等（2000）的研究量表，设计了 4 个题项（SC1~SC4），有 2 个题项直接解决参与服务和产品的开发，其他 2 个题项解决参与沟通关键设计和质量改进活动，见表 5-4。各题项均采用 Likert6 分制，得分越高，表明该企业供应商协同水平越强。

表5-3 客户导向的测量量表

变量名称		编号	测量题项	参考依据
客户导向	直接客户导向	DCO1	客户与企业分享其对企业的需求和建议	Hillebrand 和 Deshpande 等；深度访谈
		DCO2	客户直接参与企业设计、生产、销售环节	
		DCO3	企业系统地倾听和理解不同客户群体的需求和偏好	
		DCO4	通过调研访谈的方式获取客户信息	
		DCO5	客户付出额外时间成本协助企业完成创新工作	
	间接客户导向	ICO1	向客户表达企业的问候与感谢	Qiang 等；深度访谈
		ICO2	客户向企业表达其品牌情感和对企业的认可	
		ICO3	客户与企业工作人员保持良好的关系	
		ICO4	改善企业产品/服务的系统措施，提高客户的满意度和忠诚度	
		ICO5	不断改善客户服务流程，帮助客户获取信息，进行交易和投诉	

表5-4 供应商协同的测量量表

变量名称	编号	测量题项	参考依据
供应商协同	SC1	企业主动要求供应商参与企业活动，以提高服务质量	Koufteros 和 Ahuja 等；深度访谈
	SC2	企业邀请供应商参与服务的设计阶段	
	SC3	企业询问供应商关于服务的想法和意见	
	SC4	企业与供应商就服务质量和设计等关键问题保持沟通	

知识共创（KC）。知识共创设定内部嵌入知识共创和外部联合知识共创2个维度进行测量。内部嵌入知识共创主要借鉴蒋楠等（2016）和范钧等（2016）的研究量表，设计了4个题项（NBKC1~NBKC4）；外部联合知识共创主要借鉴 Mohaghar 等（2012）和王莉等（2013）的研究

量表，设计了 4 个题项（WBKC1~WBKC4），见表5-5。各题项均采用Likert6分制，得分越高，表明企业受到知识共创的影响越大。

表5-5 知识共创的测量量表

变量名称		编号	测量题项	参考依据
知识共创	内部嵌入知识共创	NBKC1	企业挖掘客户的潜在需求	蒋楠和范钧等；深度访谈
		NBKC2	企业追踪客户的购买行为	
		NBKC3	企业引导参与主体主动寻求自身所需的知识	
		NBKC4	企业引导参与主体将主观需求带入知识整合	
	外部联合知识共创	WBKC1	企业将外部各主体提供的多种知识融合，提出新知识	Mohaghar和王莉等；深度访谈
		WBKC2	客户经常提出富有创意且实用的解决方案	
		WBKC3	客户能够创造性地解决产品/服务创新问题	
		WBKC4	企业引导外部主体参与创新	

服务创新能力（CXNL）。服务创新能力设定知识获取能力、创新决策能力、技术研发能力、服务交付能力和知识产权保护能力5个维度进行测量。知识获取能力主要借鉴 Gamache 等（2015）、张保仓等（2018）的研究量表，设计了 5 个题项（HQNL1~HQNL5）；创新决策能力主要借鉴张军等（2014）的研究量表，设计了 4 个题项（JCNL1~JCNL4）；技术研发能力主要借鉴吴伟伟等（2017）、Cetindamar 等（2016）的研究量表，设计了 4 个题项（YFNL1~YFNL4）；服务交付能力主要借鉴 Hertog（2000）的研究量表，设计了 3 个题项（JFNL1~JFNL3）；知识产权保护能力主要借鉴刘思明等（2015）的研究量表，设计了 4 个题项（BHNL1~BHNL4），见表 5-6。各题项均采用 Likert6 分制，得分越高，表明企业受到服务创新能力的影响越大。

表5-6　　　　　　　　　　服务创新能力的测量量表

变量名称		编号	测量题项	参考依据
服务创新能力	知识获取能力	HQNL1	企业从合作伙伴那里学习到一些关键能力	Gamache等、张保仓等；深度访谈
		HQNL2	企业从合作伙伴那里学习到市场开发技能	
		HQNL3	企业从合作伙伴那里学习到新产品/新服务开发技能	
		HQNL4	企业从合作伙伴那里学习到管理技能	
		HQNL5	企业从合作伙伴那里学习到生产运作技能	
	创新决策能力	JCNL1	企业定期讨论竞争者的优势和战略	张军等；深度访谈
		JCNL2	企业定期讨论客户需求变化带来的机会和挑战	
		JCNL3	市场人员定期共享竞争者的战略	
		JCNL4	企业经常邀请行业资深分析人员到企业进行专题研讨	
	技术研发能力	YFNL1	企业将新技术和新知识融入服务流程设计中	吴伟伟等、Cetindamar等；深度访谈
		YFNL2	企业利用信息技术改变服务流程	
		YFNL3	企业注重设备的更新并及时评估现有技术	
		YFNL4	企业不断提高技术能力	
	服务交付能力	JFNL1	企业能够按时交付所承诺的服务	Hertog；深度访谈
		JFNL2	企业能够完成相关配套服务	
		JFNL3	企业能够保证交付的正确率	
	知识产权保护能力	BHNL1	企业建立了专利预警机制	刘思明等；深度访谈
		BHNL2	企业定期召开知识产权保护的安全会议	
		BHNL3	企业加强追究侵犯商业机密行为的力度	
		BHNL4	企业聘请专业法律团队加强对版权保护途径和程序的熟悉程度	

（3）制度层面因素

规制压力（RP）。规制压力设定强制政策规制和激励政策规制2个维度进行测量。强制政策规制主要借鉴黄群慧等（2013）的研究量表，设计了3个题项（QZRP1~QZRP3）；激励政策规制主要借鉴Carayannis和Campbell（2009）的研究量表，设计了5个题项（JLRP1~JLRP5），见表5-7。

表5-7　　　　　　　　　　　　规制压力的测量量表

变量名称		编号	测量题项	参考依据
规制压力	强制政策规制	QZRP1	企业生产必须符合国内环境法律、法规标准	黄群慧等；深度访谈
		QZRP2	企业生产必须符合出口国家质量规定	
		QZRP3	政府宏观调控，加强行业规范和准入管理	
	激励政策规制	JLRP1	政府提供实施服务化转型措施的补贴和税收的减免	Carayannis和Campbell；深度访谈
		JLRP2	政府整合优质工业服务能力资源，形成服务体系	
		JLRP3	政府提供产、学、研合作平台	
		JLRP4	政府提供制造企业服务化转型的专项支持资金	
		JLRP5	政府积极宣传制造企业服务化转型策略	

规范压力（NP）。规范压力设定行业环境规范、消费环境规范和社会环境规范3个维度进行测量。行业环境规范主要借鉴West等（2014）的研究量表，设计了3个题项（HYNP1~HYNP3）；消费环境规范主要借鉴Alejandro等（2018）的研究量表，设计了5个题项（XFNP1~XFNP5）；

社会环境规范主要借鉴Ricarda等（2018）的研究量表，设计了3个题项（SHNP1~SHNP3），见表5-8。

表5-8 规范压力的测量量表

变量名称		编号	测量题项	参考依据
规范压力	行业环境规范	HYNP1	行业协会对企业执行统一的规范标准	West等；深度访谈
		HYNP2	企业具有行业认证的体系规范	
		HYNP3	企业间定期组织产业转型升级交流会	
	消费环境规范	XFNP1	客户重视企业的服务质量	Alejandro等；深度访谈
		XFNP2	企业积极为客户提供新服务	
		XFNP3	企业重视对消费者隐私的保护	
		XFNP4	客户定期向企业反馈产品或服务存在的问题	
		XFNP5	企业持续进行售后服务跟踪	
	社会环境规范	SHNP1	企业积极运用社会资源进行创新	Ricarda等；深度访谈
		SHNP2	社会公众重视环保问题	
		SHNP3	市场对企业转型升级的需求	

认知压力（CP）。认知压力设定竞争需求认知和榜样示范认知2个维度进行测量。竞争需求认知主要借鉴Nagassi和Hung（2014）的研究量表，设计了3个题项（JZCP1~JZCP3）；榜样示范认知主要借鉴Xia和Tan（2008）的研究量表，设计了3个题项（BYCP1~BYCP3），见表5-9。

二、被解释变量

服务创新（FWCX）。服务创新主要借鉴Gabriele等（2017）的研究量表，设计了4个题项（FWCX1~FWCX4），见表5-10。通过Likert6分制量表度量企业服务创新积极程度。

表5-9　　　　　　　　　　　　　认知压力的测量量表

变量名称		编号	测量题项	参考依据
认知压力	竞争需求认知	JZCP1	企业竞争者已开始向服务型制造转型	Nagassi和Hung；深度访谈
		JZCP2	企业产品或服务的替代品已大规模进入市场	
		JZCP3	企业发展模式被多个竞争者模仿	
	榜样示范认知	BYCP1	典型企业对行业产生引导作用	Xia和Tan；深度访谈
		BYCP2	典型企业已成功向服务型制造转型	
		BYCP3	典型企业已成功开展服务创新，实施新服务战略	

表5-10　　　　　　　　　　　　　服务创新的测量量表

变量名称	编号	测量题项	参考依据
服务创新	FWCX1	企业制定了短期或长期的服务创新目标	Gabriele等；深度访谈
	FWCX2	企业为开展服务创新制订了明确的行动计划	
	FWCX3	企业对生产/服务环节进行了改进	
	FWCX4	企业对服务传递过程进行了改进	

三、控制变量

除以上变量外，制造企业服务创新也会受到控制变量的影响，为了明确本书所筛选的变量对服务创新的影响效果，必须将控制变量一并研究。依照过往研究和本书的理论基础，参考 Zhang 等（2015）的研究中关于企业服务创新的控制变量选取准则，选取企业规模（QYGM）、企业年龄（QYNL）、所有制类别（SYLB）、受教育程度（JYCD）和被测试者年龄（BSNL）作为控制变量，见表5-11。其中，企业年龄采用年限的自然对数值表示；企业规模运用正式职员自然对数值进行测量；所有制类别分为国有或国有控股、私营/民营控股、其他3类，分别用自然数0、1、2表示；用自然数1、2、3分别代表受教育程度，本科及以下学历用1表示、硕士研究生学历用2表示、博士研究生学历用3表示；被测试者年龄也用自然数1、2、3表示，30周岁及以下用1表示、30~45周岁用2表示、45周岁及以上用3表示。

表5-11　　　　　　　　　控制变量维度选取

变量	维度	文献参照
控制变量	企业规模（QYGM）	Zhang等
	企业年龄（QYNL）	
	所有制类别（SYLB）	
	受教育程度（JYCD）	
	被测试者年龄（BSNL）	

5.4.3　数据分析和检验

一、同源方差

同源方差（common method variance）可以理解为试用某种测量方法所产生的系统性偏差，在本书中是为了避免在问卷调查收集数据的过程中产生人为的变量间共变关系。遵循Podsakoff所给出的方法以降低同源方差对研究的影响，在研究之初以及后期整理统计阶段关注了以下方面：首先，在题项设置阶段对题项的表达与陈述尽量清晰明确，在问卷发放前通过查阅企业官网及所在地区工商管理局网站核实行业类别及企业规模等相关信息，以确保研究样本数据的信度和效度，在问卷发放阶段向被测试者说明了所得数据仅用于学术研究用途且内容保密；其次，运用Harman单因素检验方法验证同源方差，将调查问卷的所有题项作为整体进行因子分析，得到第一未旋转因子占25.08%的载荷量，说明不存在单一因子解释大部分变异的情况，同源方差不严重，可以展开进一步研究。

二、描述性统计

在统计了调查问卷的基本信息后，正式开展实证研究前需要针对调查变量加以描述性统计分析，其中描述性统计涵盖变量的标准差与均值的计算，见表5-12。从变量的描述性分析中能够发现，研究变量的测量数据的均值都处于3.01到4.93之间，标准差都处于1.141到1.498之间，说明了研究调研所取得的样本数据拥有较好的离散性和区分度，能够开展进一步研究。

表5-12   各变量均值和标准差分析

变量		均值	标准差	变量		均值	标准差
直接客户导向（DCO）	DCO1	3.94	1.181	内部嵌入知识共创（NBKC）	NBKC1	3.87	1.179
	DCO2	4.31	1.235		NBKC2	3.98	1.244
	DCO3	4.52	1.264		NBKC3	3.25	1.276
	DCO4	4.67	1.193		NBKC4	4.21	1.237
	DCO5	4.49	1.245	外部联合知识共创（WBKC）	WBKC1	3.57	1.304
间接客户导向（ICO）	ICO1	3.11	1.237		WBKC2	3.82	1.295
	ICO2	3.04	1.141		WBKC3	4.01	1.201
	ICO3	3.65	1.294		WBKC4	3.77	1.271
	ICO4	3.86	1.233	行业环境规范（HYNP）	HYNP1	3.21	1.339
	ICO5	3.01	1.262		HYNP2	3.87	1.260
供应商协同（SC）	SC1	4.29	1.242		HYNP3	3.56	1.304
	SC2	3.99	1.310	消费环境规范（XFNP）	XFNP1	4.11	1.276
	SC3	4.36	1.298		XFNP2	4.03	1.298
	SC4	4.62	1.246		XFNP3	3.78	1.314
知识获取能力（HQNL）	HQNL1	4.71	1.251		XFNP4	4.31	1.289
	HQNL2	4.69	1.205		XFNP5	3.97	1.277
	HQNL3	4.32	1.276	社会环境规范（SHNP）	SHNP1	4.15	1.341
	HQNL4	3.89	1.387		SHNP2	4.26	1.325
	HQNL5	4.03	1.297		SHNP3	4.52	1.272
创新决策能力（JCNL）	JCNL1	4.68	1.303	竞争需求认知（JZCP）	JZCP1	3.95	1.211
	JCNL2	4.33	1.269		JZCP2	3.48	1.312
	JCNL3	4.16	1.454		JZCP3	3.61	1.254
	JCNL4	4.24	1.231				

变量		均值	标准差	变量		均值	标准差
技术研发能力（YFNL）	YFNL1	4.38	1.251	榜样示范认知（BYCP）	BYCP1	4.32	1.239
	YFNL2	4.17	1.253		BYCP2	4.58	1.244
	YFNL3	4.90	1.403		BYCP3	4.79	1.423
	YFNL4	4.83	1.359	强制政策规制（QZRP）	QZRP1	4.01	1.342
服务交付能力（JFNL）	JFNL1	3.98	1.413		QZRP2	4.33	1.374
	JFNL2	3.45	1.298		QZRP3	4.19	1.281
	JFNL3	3.69	1.327	激励政策规制（JLRP）	JLRP1	4.02	1.350
知识产权保护能力（BHNL）	BHNL1	4.21	1.276		JLRP2	3.42	1.247
	BHNL2	4.83	1.498		JLRP3	3.99	1.354
	BHNL3	4.57	1.361		JLRP4	3.81	1.432
	BHNL4	4.33	1.292		JLRP5	3.78	1.427
服务创新（FWCX）	FWCX1	4.51	1.387	服务创新（FWCX）	FWCX3	4.93	1.277
	FWCX2	4.63	1.241		FWCX4	4.81	1.294

三、信度与效度检验

研究量表数据的信度与效度检验是衡量调研数据质量优劣的关键考察部分，信度和效度检验是检验理论假设与模型前需要进行的关键准备工作。其中，量表的信度是用以衡量调研数据稳定性的指标，即通过对统一对象进行重复性测量所得结果的一致性程度。以一致性指标考察题项间的作用关系，考量每个题项能否准确衡量相应概念维度的内容；以稳定性指标衡量同一问卷对同一或同类别受访者的反复测度的准确性。本书依据学术界的过往研究，运用克朗巴哈系数（Cronbach's α）检验方法对量表内部的一致性进行测量，克朗巴哈系数越高，表明量表的信度越好。通过组合信度（composite reliability，CR）来判别量表的内在质量，反映每个潜变量中所有题项能否一致地解释变量。研究发现，衡量和比较量表题项中 Cronbach's α 值、总相关系数（CITC）值和删除相应题项后 Cronbach's α 值，能够更准确地对量表题项信度进行测度。在实际操作中，题项的总相关系数值需要在 0.35 以上，若能够达到 0.5，则更能说明题项设置的合理性。若Cronbach's α值超过0.7，则说明量表的信度水平良好。当删除相应题项后的Cronbach's α值不大于原Cronbach's α值时，相应题项方可以保留；反之，则说明相应题项存在冗余性。若CR值超过0.8，则表示量表可靠性高。

效度分析也称有效性分析，主要测度量表能否精准地衡量所研究的变量。在应用实践中，学者们通常是以构想效度与内容效度的视角对量表的效度加以剖析。从内容效度视角来看，本书所选取的量表主要来源于国内外公开发表的文献中应用频率较高、具有良好内容效度的权威量表，再结合研究实际对权威量表加以改进所得。例如，在客户导向量表中，直接客户导向量表是由考量客户关系的静态维度量表略加改进而来的，间接客户导向量表是由考量客户关系的动态维度量表改进而来的，可见本书的测量量表拥有良好的内容效度。构想效度包括区分效度与收敛效度。区分效度的检验主要以题项间的相关系数来判断，区分效度被判定为有效的标准是要求各个题项之间需要有显著相关性，且相关系数置信区间不包括1。收敛效度主要借助探索性因子分析对量表的KMO（kaiser-meyer-olkin）值、Bartlett's球状检验、AVE平均变抽取、因子载荷以及累计解释方差百分比加以计算。研究表明，收敛效度的有效性需要满足：KMO值超过0.6、Bartlett's球状检验显著、AVE超过0.6、因子载荷超过0.5、累计解释方差超过30%。鉴于此，得出研究量表的信度、效度检验表，见表5-13。

表5-13　　样本信度、效度检验结果及探索性因子分析

研究变量		变量题项	CITC	α	删除后α	KMO	因子载荷	CR	AVE
客户导向（CO）	直接客户导向（DCO）	DCO1	0.682		0.883		0.881		
		DCO2	0.631		0.847		0.823		
		DCO3	0.624	0.918	0.839	0.843	0.842	0.92	0.79
		DCO4	0.766		0.891		0.817		
		DCO5	0.739		0.872		0.841		

研究变量		变量题项	CITC	α	删除后α	KMO	因子载荷	CR	AVE
客户导向（CO）	间接客户导向（ICO）	ICO1	0.625	0.898	0.828	0.801	0.894	0.90	0.72
		ICO2	0.668		0.831		0.782		
		ICO3	0.637		0.811		0.843		
		ICO4	0.719		0.797		0.858		
		ICO5	0.741		0.825		0.829		
知识共创（KC）	内部嵌入知识共创（NBKC）	NBKC1	0.697	0.878	0.783	0.795	0.798	0.91	0.79
		NBKC2	0.726		0.804		0.811		
		NBKC3	0.791		0.852		0.873		
		NBKC4	0.712		0.842		0.812		
	外部联合知识共创（WBKC）	WBKC1	0.747	0.856	0.781	0.768	0.831	0.83	0.75
		WBKC2	0.779		0.812		0.841		
		WBKC3	0.721		0.739		0.835		
		WBKC4	0.717		0.791		0.813		
服务创新能力（CXNL）	知识获取能力（HQNL）	HQNL1	0.736	0.901	0.798	0.815	0.811	0.90	0.73
		HQNL2	0.744		0.801		0.820		
		HQNL3	0.782		0.832		0.843		
		HQNL4	0.791		0.848		0.869		
		HQNL5	0.743		0.805		0.817		
	创新决策能力（JCNL）	JCNL1	0.698	0.892	0.743	0.798	0.797	0.88	0.69
		JCNL2	0.799		0.834		0.821		
		JCNL3	0.731		0.812		0.836		
		JCNL4	0.802		0.867		0.844		

续表

研究变量		变量题项	CITC	α	删除后α	KMO	因子载荷	CR	AVE
服务创新能力（CXNL）	技术研发能力（YFNL）	YFNL1	0.638	0.871	0.831	0.803	0.877	0.85	0.78
		YFNL2	0.669		0.786		0.791		
		YFNL3	0.626		0.846		0.845		
		YFNL4	0.733		0.773		0.892		
	服务交付能力（JFNL）	JFNL1	0.712	0.858	0.782	0.845	0.834	0.83	0.67
		JFNL2	0.687		0.706		0.767		
		JFNL3	0.676		0.711		0.811		
	知识产权保护能力（BHNL）	BHNL1	0.752	0.843	0.882	0.812	0.834	0.87	0.71
		BHNL2	0.713		0.805		0.875		
		BHNL3	0.744		0.798		0.866		
		BHNL4	0.680		0.743		0.792		
规范压力（NP）	行业环境规范（HYNP）	HYNP1	0.676	0.879	0.769	0.822	0.776	0.87	0.70
		HYNP2	0.654		0.714		0.753		
		HYNP3	0.735		0.832		0.812		
	消费环境规范（XFNP）	XFNP1	0.718	0.826	0.803	0.861	0.836	0.85	0.73
		XFNP2	0.642		0.721		0.746		
		XFNP3	0.704		0.786		0.809		
		XFNP4	0.715		0.779		0.791		
		XFNP5	0.659		0.723		0.811		
	社会环境规范（SHNP）	SHNP1	0.642	0.913	0.786	0.815	0.837	0.89	0.75
		SHNP2	0.738		0.815		0.856		
		SHNP3	0.766		0.824		0.824		

续表

研究变量		变量题项	CITC	α	删除后α	KMO	因子载荷	CR	AVE
认知压力（CP）	竞争需求认知（JZCP）	JZCP1	0.651		0.767		0.897		
		JZCP2	0.692	0.867	0.771	0.798	0.822	0.90	0.72
		JZCP3	0.676		0.812		0.875		
	榜样示范认知（BYCP）	BYCP1	0.731		0.799		0.778		
		BYCP2	0.792	0.832	0.879	0.833	0.842	0.85	0.69
		BYCP3	0.678		0.769		0.856		
规制压力（RP）	强制政策规制（QZRP）	QZRP1	0.656		0.751		0.868		
		QZRP2	0.637	0.894	0.743	0.786	0.794	0.83	0.70
		QZRP3	0.724		0.817		0.840		
	激励政策规制（JLRP）	JLRP1	0.711		0.789		0.843		
		JLRP2	0.742		0.817		0.887		
		JLRP3	0.763	0.881	0.832	0.847	0.821	0.88	0.72
		JLRP4	0.699		0.767		0.793		
		JLRP5	0.704		0.786		0.785		
供应商协同（SC）		SC1	0.726		0.797		0.769		
		SC2	0.698		0.805		0.839		
		SC3	0.773	0.859	0.819	0.796	0.865	0.86	0.75
		SC4	0.707		0.761		0.813		
服务创新（FWCX）		FWCX1	0.664		0.748		0.835		
		FWCX2	0.651		0.699		0.864		
		FWCX3	0.599	0.846	0.784	0.774	0.897	0.88	0.70
		FWCX4	0.683		0.807		0.830		

本研究使用SPSS18.0、AMOS7.0对样本数据进行了信度和效度的检验，各变量的CITC值均大于0.599，满足超过0.5的标准数值；各变量的Cronbach's α值均大于0.846，满足超过0.7的信度检验标准，且未删除题项前的Cronbach's α值均大于删除后的Cronbach's α值，说明题项设置符合标准，量表整体拥有良好的信度。量表探索性因子分析结果显示，在约束条件满足不超过0.001时，各变量的Bartlett's球状检验结果均显著；KMO值均超过0.768；因子载荷值均大于0.769，满足超过0.5的标准数值；组合信度均超过0.83，满足超过0.8的标准数值；AVE值均不小于0.70，满足大于0.6的最低要求。拟合结果显示，拟合指数$X^2/df=2.851$，$GFI=0.897$，$CFI=0.855$，$NFI=0.867$，$RMSEA=0.068$，测量模型的各拟合结果均显示出良好的拟合效度。鉴于上述分析，表明量表题项的收敛效度和区分效度均符合要求，量表数据整体拥有良好的信度和效度。

5.4.4 描述性统计分析

通过对变量的进一步描述性统计分析，得到均值、标准差以及各个变量之间的相关系数，见表5-14。服务创新与客户导向$r=0.623$（$p<0.01$）、供应商协同$r=0.492$（$p<0.05$）、知识共创$r=0.429$（$p<0.05$）、规制压力$r=0.356$（$p<0.01$）、规范压力$r=0.322$（$p<0.01$）、认知压力$r=0.418$（$p<0.05$）、服务创新能力$r=0.381$（$p<0.05$）显著相关。此外，其他变量之间也存在不同程度的显著相关关系。

表5-14 平均值、标准差及变量间相关系数统计

变量	均值	标准差	CO	SC	KC	RP	NP	CP	CXNL	FWCX
CO	4.39	1.22	1							
SC	3.34	1.23	0.513**	1						
KC	3.83	1.23	0.587**	0.453*	1					
RP	3.79	1.27	0.483**	0.379**	0.612**	1				

续表

变量	均值	标准差	CO	SC	KC	RP	NP	CP	CXNL	FWCX
NP	4.32	1.27	0.424*	0.341*	0.478**	0.640**	1			
CP	4.57	1.32	0.479*	0.339**	0.415**	0.427**	0.331**	1		
CXNL	4.36	1.28	0.542*	0.345**	0.384**	0.431**	0.355**	0.501**	1	
FWCX	4.72	1.30	0.623**	0.492*	0.429*	0.356**	0.322**	0.418*	0.381*	1

注：*表示在 $p<0.05$ 水平上显著，**表示在 $p<0.01$ 水平上显著，***表示在 $p<0.001$ 水平上显著，下同。

运用SPSS软件对前文中的假设以及理论模型展开统计分析，依照回归分析的检验程序，需要得出客户导向与服务创新变量间的Pearson相关系数及其在相应概率上的显著性水平，见表5-13。不难发现假设所涉及具有直接影响、中介作用和调节作用的变量之间均有简单的显著相关关系，也为后文研究奠定了基础。

5.4.5 多元回归分析

本节通过极大似然法（ML）验证"双碳"目标下制造企业服务创新影响机理模型设计和相关理论假设。下面将分别从个体因素、企业因素和制度因素三个方面对相关研究假设进行验证，主要通过构念层面取所有二阶因子标准化后的指标平均值带入回归方程，以直接估计潜因子构念。

一、个体层面因素对制造企业服务创新的回归分析

表5-15给出了客户导向对制造企业服务创新的回归结果。在进行假设检验的回归分析模型中，模型1将企业规模、企业年龄、所有制类别、受教育程度和被测试者年龄纳入回归模型中，验证控制变量对因变量的作用效果。模型2和模型3是在模型1的基础上加入直接客户导向和间接客户导向2个维度，探讨客户导向的2个维度对服务创新的作用效果；将模型1~3加以汇总得到模型4，用以验证客户导向作为高阶变量对服务创新的作用，所构建的各模型中 $F(sig)=0.000<0.05$，说明模

型整体有效。由回归数据能够得出，模型1~4的*VIF*值均不超10，且*DW*值皆处于2左右，说明了模型1~4之间不存在严重的多重共线性，且模型不存在序列自相关误差项。表5-15中的回归结果表明，在模型2和模型3中，直接客户导向对服务创新有显著的促进作用（β=0.369，$p<0.001$），间接客户导向对服务创新有显著的促进作用（β=0.418，$p<0.001$），假设H_{1a}、H_{1b}分别通过检验；模型4将客户导向的2个维度与服务创新同时纳入回归模型中，也得出显著性结论，说明假设H_1通过了检验。

表5-15　　客户导向与制造企业服务创新之间的关系检验

变量		因变量			
		服务创新(FWCX)			
		模型1	模型2	模型3	模型4
控制变量	QYGM	0.054	0.062	0.046	0.078
	QYNL	0.078	0.049	0.151	0.047
	SYLB	0.062	0.065	0.073	0.066
	JYCD	0.047	0.053	0.084	0.076
	BSNL	0.055	0.049	0.067	0.057
自变量	DCO		0.369***		0.367***
	ICO			0.418***	0.392**
回归结果	R^2	0.312	0.273	0.319	0.464
	$AdjR^2$	0.301	0.280	0.261	0.378
	F	8.367	6.190**	7.347***	7.976***
	VIF	均<10			
	DW	DW值均在2左右			

二、企业层面因素对制造企业服务创新的回归分析

（1）供应商协同的调节作用

表5-16给出了供应商协同的调节作用回归模型。模型1以直接客户导向和间接客户导向作为自变量，并将调节变量供应商协同纳入模型中，服务创新作为因变量。回归结果显示，模型1中直接客户导向、间

接客户导向和供应商协同对服务创新均产生显著的正向关系。模型2是基于模型1加入直接客户导向、间接客户导向与供应商协同的交互项，作为自变量纳入模型。由交互项可知，直接客户导向与供应商协同之间的交互项呈现显著性（$\beta=0.437$，$p<0.001$），说明在直接客户导向对服务创新的影响过程中，供应商协同起到调节作用，支持假设 H_{2a}；间接客户导向与供应商协同之间的交互项呈现显著性（$\beta=0.401$，$p<0.01$），说明在间接客户导向对服务创新的影响过程中，供应商协同起到调节作用（如图5-2所示），支持了假设 H_{2b}。

表5-16　　　　　　　　　供应商协同的调节作用

变量		因变量				
		服务创新(FWCX)				
		模型 1		模型 2		检验结果
		B	Std.Error	B	Std.Error	
自变量	DCO	0.304***	0.031	0.356***	0.042	
	ICO	0.338***	0.056	0.318***	0.036	
	SC	0.278***	0.043	0.196***	0.019	
	DCO×SC			0.437***	0.067	支持
	ICO×SC			0.401**	0.059	支持
回归结果	R^2	0.273		0.319		
	$AdjR^2$	0.280		0.261		
	F	6.190**		7.347***		
	VIF	均<10				
	DW	DW值均在2左右				

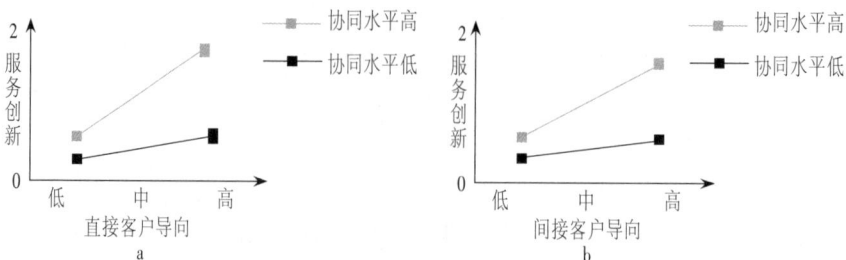

图5-2　供应商协同在客户导向与服务创新间的调节作用

（2）知识共创的中介作用

为验证假设 H_3 提出的知识共创的中介作用，需要先构建回归模型 1 到模型 3，以检验客户导向与知识共创之间的作用关系，见表 5-17。将自变量设置为直接客户导向与间接客户导向，将因变量设置为知识共创，在构建的各模型中 $F(sig)=0.000<0.05$，说明模型整体有效；在模型 1 和模型 2 中，直接客户导向和间接客户导向对知识共创作用的标准回归系数分别为 0.281、0.393，皆在 $p<0.01$ 水平上显著，验证了假设 H_{3a}、H_{3b}；模型 3 将客户导向的 2 个维度和知识共创纳入回归模型中，同样得出的结论是显著的，假设 H_3 通过了检验。

表5-17   客户导向与知识共创之间的关系检验

变量		因变量		
		知识共创(KC)		
		模型 1	模型 2	模型 3
控制变量	QYGM	0.056	0.039	0.014
	QYNL	0.047	0.055	0.031
	SYLB	0.041	0.050	0.037
	JYCD	0.077	0.071	0.071
	BSNL	0.068	0.082	0.062
自变量	DCO	0.281**		0.366**
	ICO		0.393**	0.413***
回归结果	R^2	0.212	0.278	0.433
	$AdjR^2$	0.104	0.123	0.219
	F	8.234**	8.968**	10.716**
	VIF	均<10		
	DW	DW 值均在 2 左右		

表 5-18 给出了知识共创对服务创新的回归结果以及知识共创中介

作用的回归模型。通过模型1可以发现，内部嵌入知识共创及外部联合知识共创与服务创新的标准回归系数分别为0.434、0.502，且均在$p<0.01$水平上显著，验证了知识共创的2个维度对服务创新的正向作用，假设H_{4a}、H_{4b}得到验证。

构建模型2~7验证知识共创处于客户导向与服务创新之间的中介作用。Baron等（1986）研究发现在检验中介效应时必须达成：

首先，显著相关关系存在于自变量与因变量之间及中介变量与因变量之间。

其次，将中介变量作为因变量与自变量展开回归，二者具有显著相关关系；当在自变量和因变量的作用中添加了中介变量时，二者之间的作用效果发生变化。

最后，若二者作用效果仍显著但相对减弱，则说明具有部分中介作用；若二者变得不再显著，则说明具有完全中介作用。

表5-18　　客户导向与服务创新关系间的中介效应检验

	模型1	模型2	模型3	模型4	模型5	模型6	模型7
QYGM	0.034	0.021	0.020	0.020	0.107	0.051	0.042
QYNL	0.137	0.087**	0.077	0.079	0.054	0.101	0.089
SYLB	0.116	0.152	0.148**	0.141**	0.155	0.152	0.113
JYCD	0.083	0.071	0.125	0.139	0.067	0.076	0.121
BSNL	0.062	0.017	0.015	0.016	0.049	0.051	0.023
DCO		0.393**	0.275**			0.352**	0.282**
ICO		0.345**	0.297**			0.183*	0.247**
KC			0.173*				
NBKC	0.434**			0.208**		0.105	
WBKC	0.502**				0.097		0.132
R^2	0.228	0.219	0.134	0.142	0.147	0.327	0.339

续表

	模型1	模型2	模型3	模型4	模型5	模型6	模型7
$AdjR^2$	0.213	0.201	0.121	0.139	0.141	0.212	0.284
F	8.419	6.513	5.267	4.368	5.192	7.854	7.491
VIF	均<10						
DW	DW值均在2左右						

本书遵循中介效应验证步骤，首先要证明客户导向、知识共创分别与服务创新显著相关，在表5-18的模型1中得以验证。其次要证明客户导向与知识共创显著相关，在表5-17的模型1~3中得以验证。将知识共创放入回归模型中，若知识共创和客户导向均为显著，客户导向的2个维度的回归系数减少，则证明知识共创在客户导向和服务创新中起部分中介作用；若知识共创显著，客户导向的2个维度的回归系数减少且变为不显著，则知识共创在客户导向和服务创新中起到完全中介作用。在加入知识共创中介变量后，直接客户导向与服务创新关系的标准化系数由$\beta=0.393$（$p<0.01$）降为$\beta=0.275$（$p<0.01$），说明知识共创在直接客户导向与服务创新之间起部分中介作用；间接客户导向与服务创新关系的标准化系数由$\beta=0.345$（$p<0.01$）降为$\beta=0.297$（$p<0.01$），说明知识共创在间接客户导向与服务创新之间起部分中介作用。同时，表5-18中模型2的判别系数为$F=6.513$，说明模型较好地反映了变量之间的关系。最后，检验知识共创的2个维度，即直接客户导向、间接客户导向对服务创新的中介作用，内部嵌入知识共创是直接客户导向、间接客户导向与服务创新的部分中介，外部联合知识共创是直接客户导向、间接客户导向与服务创新的部分中介。因此，假设H_{5a1}、H_{5a2}、H_{5b1}、H_{5b2}得到支持。

（3）服务创新能力的调节作用

表5-19给出了服务创新能力调节作用的回归模型。模型1将直接客户导向和间接客户导向作为自变量，并将知识获取能力、服务交付能力、创新决策能力、技术研发能力和知识产权保护能力纳入模型中，将服务创新作为因变量。基于模型1在模型2中加入直接客户导向、间接客户导向分别与知识获取能力、创新决策能力、技术研发能力、服务交

付能力、知识产权保护能力的特征交互项作为自变量。

表5-19 　　　　　　　　　　　　 服务创新能力的调节作用

变量		因变量				检验结果
		服务创新(FWCX)				
		模型1		模型2		
		B	Std.Error	B	Std.Error	
自变量	DCO	0.294^{***}	0.040	0.337^{***}	0.061	
	ICO	0.316^{***}	0.053	0.363^{***}	0.047	
	HQNL	0.278^{***}	0.034	0.267^{***}	0.032	
	JCNL	0.322^{**}	0.039	0.382^{**}	0.041	
	YFNL	0.367^{**}	0.027	0.424^{**}	0.054	
	JFNL	0.279^{***}	0.041	0.263^{***}	0.050	
	BHNL	0.221^{***}	0.046	0.265^{*}	0.049	
	DCO×HQNL			0.098	0.035	不支持
	ICO×HQNL			0.376^{***}	0.032	支持
	DCO×JCNL			0.090	0.056	不支持
	ICO×JCNL			0.071	0.028	不支持
	DCO×YFNL			0.185^{***}	0.041	支持
	ICO×YFNL			0.296^{***}	0.038	支持
	DCO×JFNL			0.437^{***}	0.067	支持
	ICO×JFNL			0.065	0.047	不支持
	DCO×BHNL			0.401^{**}	0.062	支持
	ICO×BHNL			0.028	0.059	不支持
回归结果	R^2	0.534		0.489		
	$AdjR^2$	0.489		0.517		
	F	10.398^{**}		15.771^{***}		
	VIF	均<10				
	DW	DW值均在2左右				

模型1显示直接客户导向、间接客户导向、知识获取能力、服务交付能力、创新决策能力、技术研发能力、知识产权保护能力均对服务创新有显著的正向关系。从交互项的分析结果来看，知识获取能力与直接客户导向之间的交互项没有呈现显著性，说明在直接客户导向对服务创新的影响过程中，知识获取能力没有调节作用，不支持假设H_{6a1}；知识获取能力与间接客户导向之间的交互项呈现显著性（$\beta=0.376$，$p<0.001$），说明在间接客户导向对服务创新的影响过程中，知识获取能力起到调节作用，支持假设H_{6a2}；创新决策能力与直接客户导向、间接客户导向之间的交互项均未呈现显著性，说明在客户导向对服务创新的影响过程中，创新决策能力没有调节作用，不支持假设H_{6b1}和H_{6b2}；技术研发能力与直接客户导向、间接客户导向之间的交互项均呈现显著性（$\beta=0.185$，$p<0.001$；$\beta=0.296$，$p<0.001$），说明在客户导向对服务创新的影响过程中，技术研发能力起到调节作用，支持假设H_{6c1}和H_{6c2}；服务交付能力与直接客户导向之间的交互项呈现显著性（$\beta=0.437$，$p<0.001$），说明在直接客户导向对服务创新的影响过程中，服务交付能力起到调节作用，支持假设H_{6d1}；服务交付能力与间接客户导向之间的交互项未呈现显著性，说明在间接客户导向对服务创新的影响过程中，服务交付能力没有调节作用，不支持假设H_{6d2}；知识产权保护能力与直接客户导向之间的交互项呈现显著性（$\beta=0.401$，$p<0.01$），说明在直接客户导向对服务创新的影响过程中，知识产权保护能力起到调节作用，支持假设H_{6e1}；知识产权保护能力与间接客户导向之间的交互项未呈现显著性，说明在间接客户导向对服务创新的影响过程中，知识产权保护能力没有调节作用，不支持假设H_{6e2}。综上所述，直接客户导向对服务创新产生影响时，知识获取能力和创新决策能力不会起调节作用，而技术研发能力、服务交付能力和知识产权保护能力会起到调节作用，即相应能力越强，影响程度越大；间接客户导向对服务创新产生影响时，服务交付能力、创新决策能力、知识产权保护能力不会起到调节作用，而知识获取能力和技术研发能力会起到调节作用，即相应能力越强，影响程度越大。

三、制度层面因素对制造企业服务创新的回归分析

表5-20给出了制度层面因素对制造企业服务创新的回归结果。模型1是将企业规模、企业年龄、所有制类别、受教育程度和被测试者年龄5个控制变量纳入模型中，模型2~4是在模型1的基础上分别加入了规制压力、规范压力和认知压力3个变量，以检验制度层面因素中3个变量与制造企业服务创新的关系。模型5是以制度层面因素中的3个变量作为自变量考察其与服务创新的关系。表5-20中的回归结果表明，规制压力对制造企业服务创新具有显著促进作用（$\beta=0.241$，$p<0.001$），规范压力对制造企业服务创新具有显著促进作用（$\beta=0.374$，$p<0.01$），认知压力对制造企业服务创新具有显著促进作用（$\beta=0.325$，$p<0.001$）。因此，假设H_7、H_8、H_9得到支持。

表5-20　　制度层面因素与制造企业服务创新之间的关系检验

变量		因变量				
		服务创新(FWCX)				
		模型 1	模型 2	模型 3	模型 4	模型 5
控制变量	QYGM	0.103	0.061	0.099	0.073	0.042
	QYNL	0.065	0.132	0.077	0.071	0.067
	SYLB	0.072	0.066	0.059	0.064	0.078
	JYCD	0.113*	0.086	0.075	0.067	0.069
	BSNL	0.098	0.072	0.059	0.045	0.055
自变量	RP		0.241***			0.238***
	NP			0.374**		0.401***
	CP				0.325***	0.397***
回归结果	R^2	0.251	0.302	0.453	0.407	0.441
	$AdjR^2$	0.247	0.259	0.325	0.316	0.292
	F	5.089**	8.224***	7.341***	7.617***	9.837***

5.4.6 实证结果分析

根据上述分析，将研究假设及验证情况汇总分析，得到制造企业服务创新影响机理模型。25个研究假设中，有5个假设未得到支持，分别是假设 H_{6a1}、H_{6b1}、H_{6b2}、H_{6d2}、H_{6e2}，有20个假设均通过了验证。通过考察制造企业服务创新的影响机理及结合实证分析，得到研究结论如下：

第一，从个体层面来看，客户导向是影响制造企业服务创新的主要个体因素，其与制造企业服务创新之间存在显著的推动作用。客户导向的2个维度的作用效果（标准回归系数）是：间接客户导向（0.418）>直接客户导向（0.369），说明客户导向的2个维度对服务创新的影响具有差异性。这提醒企业的管理人员在实践过程中，要甄别不同客户的创新任务和个体差异，激发客户的创新行为，注重挖掘客户的潜在需求，激发客户的创新热情，对制造企业服务创新有明显的提升作用。

第二，从企业层面来看，供应商协同对直接客户导向与服务创新有正向调节作用（$\beta=0.437$，$p<0.001$），对间接客户导向与服务创新有正向调节作用（$\beta=0.401$，$p<0.01$）。知识共创对服务创新有显著的正向影响，知识共创在客户导向与制造企业服务创新的作用路径上发挥中介作用。中介作用表现在：一方面，知识共创以客户和企业为渠道和平台，是服务创新合作关系的深入表现；另一方面，知识共创具有助推服务创新实施和发展的有益作用，也为促进服务创新提供思维、脉络、活力。这提醒企业管理人员在实践过程中，要强化客户主动创造知识的意愿和能力，同时企业要加强引导客户知识创新以及增强自身知识管理能力，从而促进企业服务创新发展。

在服务创新能力的各维度中，技术研发能力、服务交付能力和知识产权保护能力对直接客户导向与服务创新有正向调节作用，知识获取能力、技术研发能力对间接客户导向与服务创新有正向调节作用。创新决策能力对客户导向与服务创新的调节作用不显著，该结果解释了企业管理人员十分重视创新战略问题，但是创新水平往往不尽如人意，多数处于转型阶段的企业管理者在制定创新战略时依旧局限于传统观念，忽略了客户对服务创新的重要影响，导致其创新决策难以对服务创新产生有益促进作用。知识获取能力对直接客户导向与服务创新的调节作用不显著，说明了企业往往过于注重挖掘潜在知识而忽略了直观易获取的知识。服务交付能力和知识产权保护能力对间接客户导向与服务创新的调节作用不显著，说明了企业的服务创新通常会被抄袭，服务化转型企业需要更多不可模仿和不可替代的资源，对识别潜在商业机会以及保护客户资源等潜在知识产权隐私的能力还有所欠缺。

第三，从制度层面来看，规制压力、规范压力和认知压力对制造企业服务创新均有显著的正向影响。在规制压力方面，强制政策规制会对焦点企业形成规制合法性压力，企业因害怕遭受处罚而采取服务化转型行为。想要真正促进制造企业服务创新必须要配合实施激励政策规制，降低制造企业服务化转型的风险和成本，从而吸引企业主动开展服务创新活动；在规范压力方面，行业内会对制造企业构成规范合法性压力，从而推动制造企业开展服务创新。客户和行业内组织对企业的服务创新期望，会为企业带来可获取服务创新支持的良好预期，进而增强企业对服务创新结果的积极判断；在认知压力方面，行业竞争者和行业领袖的服务化转型成功势必会引起其他企业关注，并促使企业开展类似的服务化转型行为。面对全球制造企业带来的转型升级压力，中国制造企业不仅要面对国内竞争企业的压力，还要接受国际市场不断提升的检验标准。通过实施产业转型升级、积极开展服务创新，企业获取市场份额，抓住发展机遇。

5.5 本章小结

本章基于第4章"双碳"目标下制造企业服务创新影响因素"点"的分析结果，将影响因素"点"串连成制造企业服务创新影响机理"线"，分析个体层面、企业层面和制度层面的影响机理模型及假设。结合经典研究设计有关"双碳"目标下制造企业服务创新影响机理验证要素模型的量表题项，辅以问卷调查运用多元回归分析进行实证分析，以剖析制造企业服务创新的影响机理。结果表明了客户导向对知识共创、服务创新均有显著的正向作用；知识共创、规制压力、规范压力、认知压力对服务创新具有显著的正向作用。此外，知识共创对客户导向与服务创新发挥部分中介作用；供应商协同对客户导向与服务创新有正向调节作用；技术研发能力、服务交付能力和知识产权保护能力对直接客户导向与服务创新有正向调节作用；知识获取能力、技术研发能力对间接客户导向与服务创新有正向调节作用。

6 制造企业服务创新的
演化机理研究

"双碳"目标下制造企业服务创新演化机理是建立在影响因素和影响机理的基础上，基于第 4、5 章的研究成果探讨分析制造企业服务创新过程中各主体之间共同演化的规律，不同主体对制造企业服务创新演化过程和结果的影响，有助于解决企业服务创新中的难题与障碍，是进一步探讨企业服务创新发展的重要阶段。本章继续在个体层面、企业层面和制度层面的综合作用下厘清制造企业服务创新演化机理。首先，站在组织生态学的角度对制造企业服务创新演化的相关理论进行剖析；然后，构建制造企业服务创新演化的理论模型；最后，根据演化博弈理论构建三方主体对制造企业服务创新的演化博弈模型，从主体博弈的角度研究不同主体间的行为选择对企业服务创新决策及其演化路径的影响，明确制造企业服务创新演化机理，有助于探索出促进制造企业服务创新发展的有效举措。

6.1 基于组织生态学的制造企业服务创新演化的内涵及特征

6.1.1 组织生态学理论

生态学的隐喻在解释管理学现象时，往往会产生更开阔的视角。站在生态学的角度看待企业的发展与管理，往往能发现更多尚未被触及的东西。组织生态学（organizational ecology）旨在研究企业及其生存环境之间的交互作用与交互促进演化关系，是在组织种群生态理论基础上发展起来的一门新兴交叉学科，用以研究个体、组织与环境相互作用过程中的演化机理。组织生态理论是由达尔文生物进化论演变而来的，主要描述自然对物种抉择与进化的影响，注重内外环境之间的一种平衡关系，即维持好企业的内外部环境关系，通过内外部环境结合实现企业的可持续发展。在生物学研究范畴，生物进化的本质就是变异、选择和保留无限循环往复的"试错"过程。组织生态学中认为群落生态组织的进化也是由三部分组成的：第一，群落中组织产生生态变异，即企业经营习惯或组织形态发生变化；第二，组织通过环境选择，变异后达到环境条件的企业被筛选出来；第三，留下的组织形成共生关系，组成新的生态组织。组织生态学理论用生态学的眼光来看待企业发展，综合考量生态学、社会学等多种跨学科观点以及相关经济学观点用以探索组织内部个体的发展以及组织与组织间、环境与组织间的交互作用。具体来说，组织生态学的研究目标是使组织能够从容应对不断变化的环境，即通过调整组织结构或组织方式来实现长久发展。

1977年，Hannan和Freeman最早提出组织生态学理论，其研究成果"组织种群生态学"被誉为组织生态学领域的开山之作，研究理论定义种群的构成形式是包含在一个指定的范围内且范围内的个体或组织具有相同或相似的模式，处于同一种群内的个体或组织与外界环境存在不同程度的依存关系，每一种程度都对应着一种个体或组织结构或行动方式。1990年，Singh通过"组织演化：新方向"重新赋予了组织生态学中心任务以新的意义，提出由生态向演化转变的思想，调整了组织生态学的定义，将组织转变作为组织生态学分析的结果。1994年，他在《组织的演化动力学》一书中侧重讨论了组织演化的层级本质，详述了演化的思想，将演化问题整合成组织内、组织间演化及种群、群落演化的逐步递增层级。2000年，Carroll与Hannan合作，通过统计学方式对组织生态学展开进一步探索。伴随研究逐步深入，西方学术界将组织生态学的研究对象加以扩展，规范了包括组织内个体、组织、组织种群、组织群落以及组织生态系统的层次系统，引入了"生态位"概念用以描述不同种群之间无竞争关系的特殊空间，若该空间内存在竞争关系，则用"生态位重叠"加以描述。将组织生态学运用到企业管理领域中，能够使管理研究的广度得以拓展，且在研究层次上从传统的"单体组织"扩展到"企业间组织"。在管理客体与管理主体互相作用阶段，将两个主体融合纳入同一组织中，共同探索源于管理主体之间自发调控的交错繁杂管理系统的组织管理作用机理。在此基础上，结合企业生态学的相关研究成果能够为组织生态学的发展与深化赋予新的意义。

国内外对组织生态学与企业创新演化相结合的研究关注较少，相关研究尚处于"黑箱"状态。部分学者在组织生态学理论基础上指出诱发企业变异的影响因素和企业变异之后面对环境选择的生存对策。借助组织生态学理论，将装备制造业集群创新网络划分为三个自组织群落构成的生态系统，探讨装备制造业集群创新网络生态系统内部变种、选择、保留等的演化机制。本书综合上述研究成果，在组织生态学视角下将制造企业服务创新集群定义为：以可持续发展为背景，以碳达峰和碳中和及服务化转型升级为目标，以协同发展为依托，由个体层面（客户）、企业层面（制造企业）、制度层面（政府）创新主体构成的有机系统。

6.1.2　制造企业服务创新演化的内涵及特征描述

在生态群落中，生物演化是指物种之间为适应环境改变及竞争关系而实现进化的过程，是一种普遍的自然规律。英国著名生物学家、进化论的奠基人查尔斯·罗伯特·达尔文最早在《物种起源》中提出生物进化论学说，强调"物竞天择，适者生存"。生物个体在其生存环境中互相作用而完成自身进化，进而达成生物间及生物与环境间的协同演化。例如，捕食者与猎物之间、食草动物与植物之间、寄生物与寄主之间都表现出协同进化的生态本质。协同演化这一概念在 1985 年由 Norgaard 率先应用到社会学和生态经济学领域中，研究指出协同演化概念不仅强调协同二字，更注重因素间的影响及演化作用。从经济学的视角来看，协同演化主要描述了组织与环境之间延续性的反馈作用。协同演化描述了演化主体都是另一方的选择力量，在演化过程中产生相互适应的特性，进而改变双方的平均适应能力。协同演化要求演化主体之间需要同时具备一种双向因果关系以对彼此适应性特征造成变化的能力。可见，并非每一个具有因果联系的主体均可以形成协同演化反馈，只有出现具有彼此适应性特征造成变化的能力，才能有助于协同演化。有学者对协同演化的概念作出界定，认为协同演化产生且作用于不少于两个且存在相互依存关系的种群，其演化路径不断改变、不断交互并处于长期互相适应的状态。尽管协同演化的内涵十分丰富，但其本质是恒定不变的，即不少于两个主体恒定长期存在交互作用和演变发展，其演变路径相对复杂且交织性强烈。

结合上述文献，本书将制造企业服务创新演化描述为制造企业服务创新集群中企业为适应个体因素、企业因素及制度因素等环境和组织要求而不断调整自身策略，最终推动整个制造企业服务创新系统向理想状态演变的相互作用的过程。基于演化的角度，制造企业服务创新集群拥有生态群落的特性，即持续适应周围纷繁复杂的环境且适时进行回应的过程。而制造企业服务创新集群与之相类似，描述了不同主体以持续改变自身的结构特征与行为方式来应对企业外部环境，集群内各主体间的交互作用对制造企业服务创新集群整体演进具有推进作用。在制造企业服务创新集群中，企业并非独立发展，其发展和演进更多地受到有关主体与环境变化的影响。集群中每一个主体的变化均可能会对其他主体产生影响，进而引发相应主体对外部环境自发产生适应性变化，从而汇聚成一个交互交织的演化系统。本书将制造企业服务创新演化的特征归纳为多向因果性、层级嵌入性、正反馈性和路径依赖性四个主要特征。

（1）多向因果性

根据过往学者对演化概念的研究可知，制造企业服务创新演化存在多向因果之间的动态作用关系，这也是区别制造企业服务创新演化的关键特征，强调演化主体之间具有双向或多向的互动性，演化结果不能由单一主体的变化而决定，而是通过直接或间接产生的多向主体互动或反馈机制共同决定。

（2）层级嵌入性

制造企业服务创新演化不仅发生在企业或行业间的单一层级，还会发生在不同层级之间，不同层级中的演化作用在发生的同时相互嵌入影响，存在明显的层级性特征。制造企业服务创新演化不仅蕴含发生在企业内部主体之间的相互作用，也蕴含着个体和环境等各个层面的演化主体相互嵌入、相互影响。在研究制造企业服务创新演化机理的过程中，不仅要考虑企业这一单一主体，还需要考察个体、环境和制度等层面主体的层级嵌入性特征。

（3）正反馈性

正反馈性是制造企业服务创新演化的关键特征之一。制造企业服务创新演化是由各个主体相互作用而来的，构成演化关系的任一主体作用于其他主体，最终将经过整体的作用来反馈，从而引发自身的变化。该特征能够放大服务创新演化受到内外部主体影响的反应程度，使得内外部主体所产生的任一细小变化都可通过服务创新演化的正反馈特性而加速发展，说明变化不再局限于系统本身，而是能够进行扩散和传递。在制造企业服务创新演化的过程中，各主体都具有有限理性和创新能力，在创新传递过程中能引发额外创新，在正反馈作用下加深创新的层次和程度。

（4）路径依赖性

制造企业服务创新演化的路径依赖性与其正反馈性有着密不可分的联系，演化路径之间的差异反映了某一历史时点上主体的特性和异质性，即在动态非线性的制造企业服务创新演化过程中可能会受到某种突发情况的影响，系统会采纳突发状况影响的轨迹或路径继续演化，从而产生一种难以轻易被取代的行为惰性，如果试图将制造企业服务创新演化由劣势路径转化为优势路径，则必须经历等待过程。路径依赖性代表了时间因素和历史因素是制造企业服务创新演化过程的重要考量。

6.2 制造企业服务创新演化与组织生态演化的类比分析

6.2.1 制造企业服务创新集群与组织生态群落的构成要素

自然生态群落主要是由生产者、消费者和分解者组成的，与自然生态群落相似，制造企业服务创新集群是在企业集群内部、企业与企业集群之间和企业与非生物环境之间通过复杂的演化关系而形成的，两种群落之间的构成要素具有较强的相似性，也存在一定的差异性。其中，组织生态群落个体主要包括所有具有生命特征的有机体；而本书研究的制造企业服务创新集群主体主要包括制造企业、客户和政府三方。制造企业服务创新具有较强的客户导向性，客户的行为意识是对企业产品或服务效用、质量等方面的有效衡量，即作为个体层面的代表主体；制造企业作为本书的主要研究对象是客户消费意识的主要承载者，是政府环境行为的主要反馈者，也是进行服务创新活动的主要对象，即作为企业层面的代表主体；政府在制造企业服务创新和服务化转型阶段给予资金支持、规划协调和专利保护方面的支持，即作为制度层面的代表主体。制造企业服务创新集群代表由客户、制造企业和政府之间形成的特征集合。表6-1给出了制造企业服务创新集群与组织生态群落的构成要素分析。

6.2.2 制造企业服务创新集群与组织生态群落要素间的关系特征

对构成要素间的关系展开分析，有益于为理解制造企业服务创新演化的本质和演化过程的有效运作奠定基础。在传统演化关系中，演化主

表6-1　　制造企业服务创新集群与组织生态群落的构成要素分析

组织生态群落		制造企业服务创新集群	
构成要素	内涵	构成要素	内涵
个体	具有生命特征的有机个体	主体	制造企业服务创新集群组成的个体，如制造企业、客户、政府等
群落	一定时期内，关联性种群聚集形成的结构性集合	群落	具有服务创新特征的个体间互相作用形成的结构性集合
生产者	将无机物合成有机物的生物体	创新产出者	提供新服务或新产品的原始创新机构
消费者	为了生存、繁衍而消耗有机物的生物体	创新获取者	消耗创新和环境资源进行商业目的的企业或机构
生态因子	影响生物体生存的环境因子	环境因子	影响企业集群生存和发展的环境因素

体之间以负相互作用为主，为了企业的生存抢夺资源产生破坏性竞争。而随着新市场经济的到来和产业结构转型升级，制造服务创新演化关系中各主体之间清楚认识到面对纷繁复杂的动态环境，单打独斗并非长远之计，最终都将与整个演化系统共进退。为了实现这个目标，演化主体一改传统的主体间相互排斥的恶性竞争关系，转念形成一种相互依存的"共生"关系。其中，"共生"并非无竞争关系，而是指以主体间创新的形式来增强其竞争能力，或者是将一种更优于某一产品或某种技术的增值服务给到客户手中。

"共生"一词源于希腊语，其定义在1879年由德国生物学家贝里首次提出，即不同类别的生物之间彼此互利地依照某种模式共同生存的一种关系，形成一种互相依存、共同进化的模式。例如，在自然界中，地衣是众所周知的共生实例，它是藻类和菌类的共生体。可见，由于生存压力而展开的竞争不仅存在于物种之间，也存在于内部个体之间，物种以及个体想要持久生存和发展，在此阶段必将被环境内的其他物种以及外界环境变换所影响，物种只有依靠自身的不断进化、不断适应环境变化，才能在生态环境中得以生存，这一物种间集体因环境和生存或主动或被动进行的适应性进化将使整个生态系统演变为一个稳定有序交互的整体。物种处于生态系统中，既存在生存竞争模式，也存在互补形式的进化模式，优胜劣汰并非物种进化的全部形式，而是一种特殊形式。物种之间除了竞争外还存在一种协同进化模式，这种模式的存在将促进整个系统的共同进步。也就是说，存在于生态系统中的各种生物在生存和进化阶段和其他生物间存在一定联系以共同获益，二者或多者间通过交织作用产生了一个具有依存关系、能够互动调节的共生系统。

在制造企业服务创新演化的过程中，各个主体间为获取更高的适应性而交互作用，与自然界中种群间的共生关系具有异曲同工之处。参与企业服务创新各主体之间将根据外部环境或市场演化的共同作用，结合主体自身主观行为决策而汇聚成一个整体系统，通过一定的模式生存运营共同进步以完成主体间共同演化至理想状态的目标。企业服务创新演化的实质可以用共生系统更加直观地描述，处于系统内的各个主体遭受到结构性的竞争环境巨变，主体间的互补性以及存在的共生关系将其加以联合，最终形成共同抵御外界变化的互利共生、资源互补的目标一致的同利同益的共同体。其主要优势体现在，制造企业服务创新主体间得以完成资源和知识的交互，主体间互相运用有效资源，改原有竞争或无交互作用的关系为合作共赢的模式。仅仅关注企业独立主体的资源整合优势，已经渐渐失去了其原有的竞争力，单打独斗的运营模式将被取代，而企业主体与客户主体及其他利益主体间逐渐深化的交织作用以及影响作用，将实现制造企业服务创新向理想状态演化。也就是说，演化主体间的关系结构并非独立存在，竞争和合作也并不能代表主体关系的全部类别。更为重要的是，主体间和主体与主体所在环境间存在的协同进化模式，这种模式描述了生态系统中主体通过交互交织和与外界主体互动阶段实现共生以及协同进化的模式。

6.2.3 制造企业服务创新集群构成要素的共生方式

一、互补型共生方式

互补型共生方式是制造企业服务创新演化最典型的形式（如图 6-1a 所示）。各主体之间寻求共生机会，通过发挥各自资源优势和资源共享增强核心竞争力以形成优势互补。互补共生体所包括的不同层次主体可以看作是人体内的器官，可以独立有机生存，也可以通力协作不断发展将各个器官连接形成一个完整的有机体。在互补型共生方式下，"互补效应"的关键在于主体间互补方式和互补强度。互补方式是指互补共生体的结构形态。互补强度是指各主体间的依存程度。互补方式与互补强度之间是正比例关系。

二、共享型共生方式

共享型共生方式一般发生在具有直接竞争关系的主体之间（如图 6-1b 所示）。具有同种类别或属性类似的主体间存在显而易见的竞争，以抢夺有限的生存资源延续生命。但是，该类主体间需要遵循自然界乃至企业内的求同存异的生存法则，发掘共同生存的契机而构建演化共生体，进而通过共生的阶段针对增加的资源以强化各自竞争优势，协同开拓和发展新兴市场。由于制造企业服务创新的生命周期骤减以及差异化产品的不断涌现，服务化转型初期的难度巨大，单个企业独立转型会承担更大的市场风险，因此演化共生体既要借助经验优势为各个主体营造广泛化和优质化的共生经济效益，也要减少开拓新市场和规避转型的风险，进而达成服务创新和各个主体向理想状态演化。

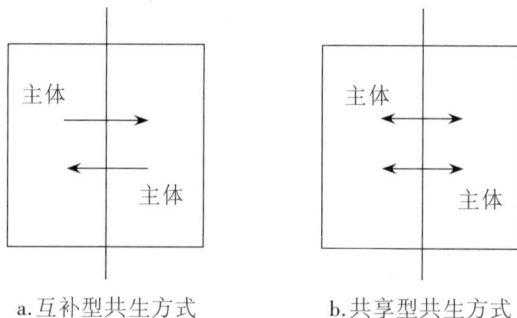

a.互补型共生方式　　　b.共享型共生方式

图 6-1　制造企业服务创新演化构成要素的共生方式

6.3 制造企业服务创新演化机理的理论模型

6.3.1 制造企业服务创新演化的过程

类似于自然生态系统的演进，制造企业服务创新的演化过程也经历了探索阶段、成长阶段、繁衍阶段和转型或衰退阶段的一个循环往复的生命周期，如图6-2所示。

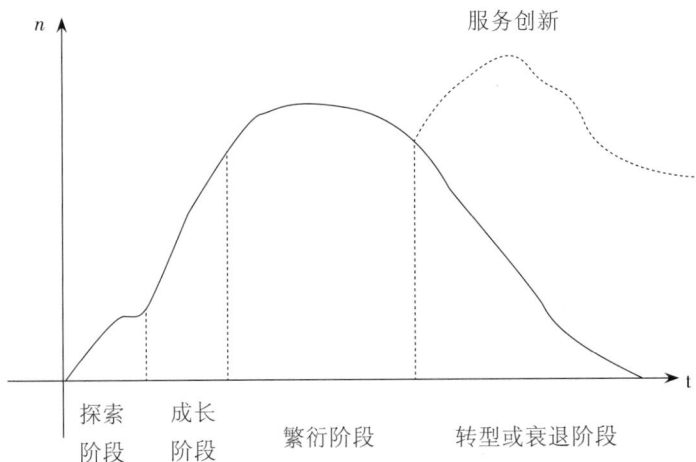

图6-2 制造企业服务创新演化过程的阶段图

（1）探索阶段

制造企业服务创新演化的第一个阶段是开拓新服务和尝试企业转型的阶段。第一，在该阶段创新集群较少，相对密度较低，竞争体系尚未建立健全，企业开始逐渐尝试开发新产品或新服务以吸引投资，寻找能够建立初步共生关系的合作伙伴或客户等相关主体；第二，在企业生态系统中开展服务创新的企业数量较少，种类也十分局限，创新集群之间尚未有明确的分工合作，产品或服务也存在较大的改进空间，传统生产仍占据主要的市场份额；第三，要充分考虑政府及社会公众等环境因素，紧跟政策走向，关注相关方向的利好消息，能够为企业探索阶段提供发展方向。

（2）成长阶段

制造企业服务创新演化的第二个阶段是快速成长时期，创新集群逐渐具备了转型的能力和条件，这一阶段创新集群的种类增加，利益相关者群体增加，市场竞争能力和抵御风险能力逐渐提升，生命力有所提升。第一，创新集群前期竞争对手较少，利润可观；第二，其他集群成员被该阶段创新集群的高利润吸引而放弃原有方式进入创新集群，使创新集群获得大量资源；第三，创新集群在成长阶段的中后期，需要逐渐控制集群的扩张速度，使其有节奏地良性发展；第四，随着创新集群的不断演化，拥有相似组织模式或思想的集群，尝试拆散或吸纳竞争集群，需要通过占有渠道等方式建立防御边界，保护已有的创新集群。

（3）繁衍阶段

在制造企业服务创新演化的第三阶段是稳定发展时期。第一，随着创新集群成员和规模的扩张，集群内人才、技术、资金等资源稀缺，创新集群内部竞争加剧；第二，创新集群的良性发展导致集群外的成员争相模仿，创新集群一方面要保持集群的持续创新，另一方面要防范新范式的模仿者与竞争者的来袭；第三，创新集群成员之间的互动日趋频繁，转变为共享型共生方式，以优势企业为中心组建战略联盟，联盟内部合作紧密、资源共享，新产品和新服务不断涌现；第四，企业开始调整自身生态位，创新集群间具有密切的关联性，优势资源相互配套、稳定且综合化，最终演变趋于成熟。

（4）转型或衰退阶段

转型或衰退阶段是制造企业服务创新演化的关键阶段，也是最终阶段，在自然群落中称为顶级群落。区别于自然生物群落，自然界中非可持续发展资源逐渐消耗殆尽，应运而生的是导致相关种群走向覆灭，而创新集群则必须要经历这样一个涅槃重生的过程，将原有内部自循环彻底打破，其核心的生产要素也需要通过转型适应再造的环境。在此阶段，创新集群层次丰富、结构更趋复杂合理，物种构成和数量趋于稳定，对外部资源的利用更加合理、高效。第一，原有的传统集群逐渐消弭，新产品和新服务陆续涌现并占领优势且趋于成熟，创新集群之间以竞争合作方式共生；第二，上下游合作非常紧密，互补型主体形成多层次的产业结构，创新集群间呈现互补型共生关系；

第三，创新集群形成核心能力，创新网络的各节点间存在长期、稳定的相互联系，形成协同创新链，创新网络实现协同进化或升级，完成转型且保持可持续发展态势。

制造企业服务创新演化过程的特点，见表6-2。

表6-2　　　　　　　制造企业服务创新演化过程的特点

项目	探索阶段	成长阶段	繁衍阶段	转型或衰退阶段
集群联结	松散	相对紧密	紧密	非常紧密
集群变化	从零到有	迅速	缓慢	平稳
集群多样性	少	迅速增加	增加	平稳或减少
集群密度	小	迅速增大	较大	较大
集群结构	简单	趋于复杂	复杂	复杂
集群关系	寻求合作	竞争	合作	竞争与合作

制造企业服务创新演化是在时间和空间状态下共同演进的二维过程，基于上述分析，本书所描绘的制造企业服务创新演化过程，如图6-3所示。其中，横轴表示时间、纵轴表示空间，该图描绘了4个演化阶段下制造企业服务创新演化中主体的类型、数量及其形成的网络结构的变化过程。

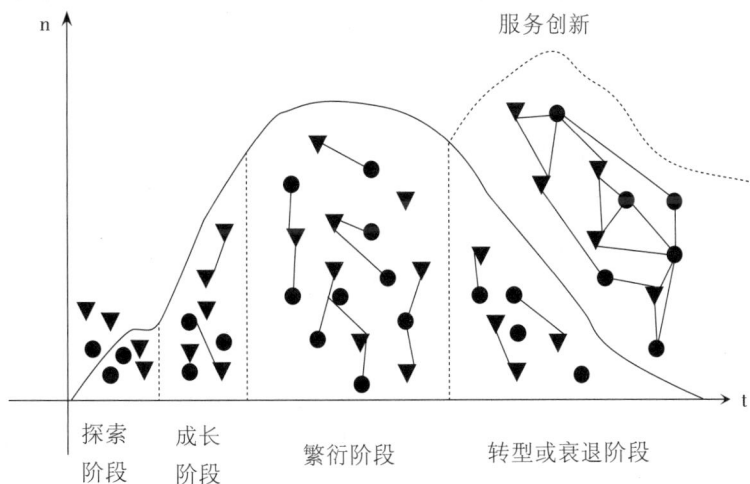

图6-3　制造企业服务创新演化过程

6.3.2　理论模型建立

从制造企业服务创新演化的特征可知，其结构具有层级嵌入性和多向因果性。基于组织生态学与制造企业服务创新的类比分析和前文中对制造企业服务创新影响因素识别的分析，将制造企业服务创新演化过程划分为个体层面、企业层面和制度层面三个演化层面。

个体层面主要将客户主体作为考量对象，研究客户主体与其他主体之间对制造企业服务创新的演化机理。以客户需求作为着眼点，在重点行业运用服务型制造及差异化的服务型制造模式。当前我国制造企业发展的重点是向服务型制造转变，其核心拓展的服务模式包括为客户提供有针对性的大型制造机械融资租赁及供应链金融等服务，为客户提供涵盖了设备成套、专业化远程全面状态管理、自产主体设备、专业化维修改造服务等一系列整体解决模式，力求做到专属定制，帮助用户制订出全方位的整体供应链解决方案。

企业层面主要将企业集群作为考量对象，研究企业集群间、企业集群与其他主体之间与制造企业服务创新的演化机理。制造企业服务创新面临的核心问题是企业服务化转型的特有性和难以复制性，不同类型和领域的企业必须结合自身经营特点和业务特征，有针对性地制定服务创新策略，敢于扩展服务相关的全新业务模式，设置和建立与服务业务相关的全新管理模式和经营结构，构建针对制造企业服务化转型的全新商业业态，上述转变的完成皆依赖于企业长期性和持久性地推动企业服务创新业务的开展以及与相关领域协同创新的成果，而这些转变对长期处于生产加工而缺乏创造性的中国制造企业而言存在一定的转型难度，欲扭转当前传统的格局需要建立社会文化导向以及创新引领观。大力推广制造企业服务文化，加之政府的积极宣传、主流媒体的渲染以及具有一定数量规模的非营利性组织的倡导，将凝成一股强大的服务创新穿透力及影响力，有助于公众及企业形成直观的节能减排观念与服务化转型意识，将对企业服务创新战略的规划和服务创新成果的转化形成积极的影响，为推进整个社会服务创新体系营造健康和积极的社会氛围。

　　制度层面主要将政府主体作为考量对象，研究政策环境与其他主体、集群之间对制造企业服务创新演化机理。政府将通过构建承接同一化的产业政策体系，以减缓制造业与服务业两个行业间存在的科技、金融、税收以及要素价格间的政策差异；为实现制造企业服务化转型，构建服务物流相关的生产性服务平台，培育技术、物流和法律等生产性服务业体系，力争产业结构升级，强化制造业配套设施等政策及手段，来填补市场关注与服务创新之间的互通缺失等问题；对服务创新开展的战略、方向以及规模趋势所造成的影响，则增强政策层面的扶持力度与引领作用。在当前社会主义市场经济体制的背景下，供需规模与市场体制有待进一步规范，传统固化思维与体制制度会引起资源配置的缓慢化以及市场效用的窄小化。鉴于此，制度层面在企业服务创新这一模式下的影响作用十分显著。

　　根据上述分析，通过剖析制造企业服务创新的多个主体协同演化过程及各层面影响因素的演化机理，构建了制造企业服务创新演化机理研究的理论模型，如图6-4所示。

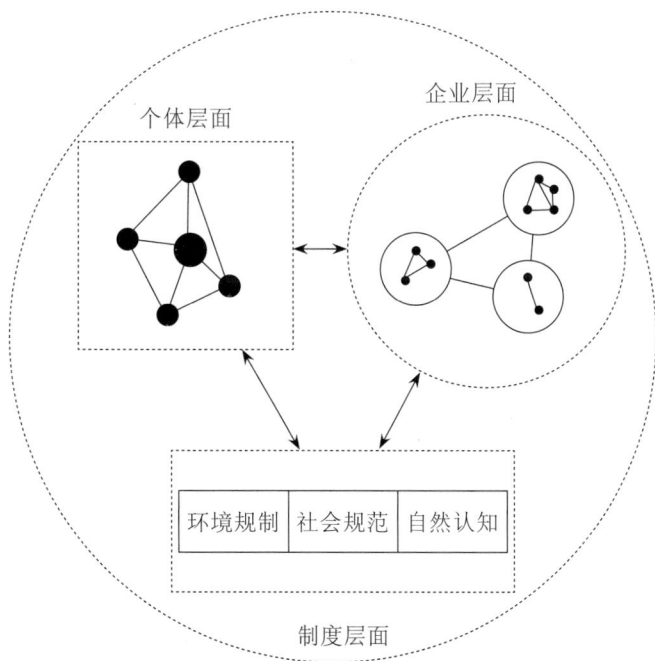

图6-4　制造企业服务创新演化机理研究的理论模型

6.4 制造企业服务创新演化机理分析

通过前文对制造企业服务创新演化的构成因素、层次、阶段和过程的确认和剖析，本节主要从主体博弈的角度研究服务创新各个层面主体间行为选择对企业服务创新决策及其演化路径的影响和相互作用，将参与制造企业服务创新的各主体置于同一演化博弈框架，分析推进制造企业逐渐意识到主动开展服务创新行为的不同层面主体的条件与数值。有学者研究发现，在企业创新演化的研究中，激励机制与动力机制对提升企业竞争力有重要作用，有助于政策制定阶段的理论输出。从各主体间互动的视角来看，有助于解决企业服务创新实施过程中遇到的难题与阻碍，是探讨企业服务创新发展的重要阶段。

6.4.1 理论基础及模型假设

演化博弈论（evolutionary game theory）是将博弈理论分析与动态演化过程综合而形成的理论。从方法论的视角来看，它不同于博弈论侧重于分析和比较静态均衡，而是强调动态均衡。演化博弈论源于生物进化论，以达尔文生物进化论和拉马克的遗传基因理论作为思想基础，这一观点的问世成功诠释了某些处于生物进化过程中的现象，且应用于探索社会规范、行为、体制或制度相应的影响因素等领域，现已变成演化经济学的重要分析方法之一，且随着时间推移而发展为经济学新范畴。

演化博弈的基本思路为：在拥有一定规模的博弈群体中，博弈方重复开展博弈活动。假设主体具有有限理性，是将博弈理论和动态演化过程结合分析的一种理论，运用演化稳定性分析和复制动态分析来动态研究主体在重复多次博弈时策略演化的系统研究方法。主体在反复博弈时，由于经济主体存在有限理性特征而导致其不能确定在博弈过程中自身策略是否达到了最优，只能采用模仿的方式不断调整自身策略，经历这一漫长的模仿与完善，全部博弈方终将归于某一稳定策略，这一稳定策略称为"演化稳定策略"，也称"ESS点"。当系统内全部主体都选择

"演化稳定策略"时，这一阶段选择其他策略的主体将不能进入这一稳定系统，即选择其他策略的主体会迫于压力而退出系统或为了保留在系统之中而转变策略，最终处于博弈过程中的主体策略将实现最优化的稳定均衡状态。

根据本书的研究实践，制造企业服务创新演化过程需要代表个体层面（客户）、企业层面（制造企业）和制度层面（政府）的三方利益主体共同参与。其中，个体层面主要通过客户对政府调控策略的接受程度以及对制造企业新产品或新服务的心理效用等因素加以呈现；企业层面主要通过制造企业开展服务创新与否，以及客户对企业新产品或新服务采纳与否加以呈现；制度层面通过政府对制造企业服务创新主体的调控策略与不调控策略加以呈现。鉴于此，本书运用三方博弈方法研究三个层面服务创新主体对制造企业服务创新影响的可行性，传统博弈模型的构建是在理性假设的基础上，演化博弈模型能够弥补传统博弈的不足，使各主体能够在博弈过程中及时调整和改变原有策略。综上所述，鉴于政府、制造企业、客户三方主体均具有不完全信息和有限理性的特征，采用演化博弈和数值仿真方法，构建政府、制造企业和客户的非对称动态演化博弈模型，探讨促使三方利益相关主体服务创新决策达到理想状态的稳定条件及三方主体间的演化机理和稳定条件，力求为我国制造企业服务创新的发展提供理论支持以及对制造企业服务创新的提升提供建设性意见。

企业采纳服务创新后增加了产品附加值，降低了产品生产成本，区别于传统的制造，以产品服务导向为市场需求，以服务环节作为高附加值环节，以差异化和个性化的供给作为获取竞争优势的手段，与客户之间形成长期稳定的交互模式等。与传统方式相比，制造企业将获得更多的利益，同时为中国制造业的长期发展提供潜在收益。但是，采纳服务创新是颠覆传统制造企业创新的过程。伴随资金的投入，制造企业是否选择服务创新存在不确定性。因此，研究各主体在博弈过程中不同决策行为的损益情况，并根据学者提出的成熟的研究框架，结合研究情境和服务创新特征加以改进。

（1）博弈主体

假设在自然环境下，博弈涉及三方主体，即制造企业、政府和客户，将其视为一个整体的系统，且三方主体均具有有限理性和学习模仿能力，能够借助比对同类主体的策略收益来调整原有策略。

（2）博弈主体行为策略

结合研究实际，制造企业要从多方面考量政府对企业开展服务创新的调控和支持力度等因素，将传统生产和服务创新作为制造企业可供抉择的策略方案（若企业选择服务创新策略，则默认企业可以达成任务），制造企业的行为集合是采取，还是不采取。"采取"是指制造企业主动开展服务创新，将传统的制造产品导向需求转向产品服务导向需求，从以制造为高附加值环节转向以服务为高附加值环节，从以规模化供给作为竞争优势转向以差异化供给为竞争优势；"不采取"是指制造企业仍然维持传统生产模式，不开展企业服务化转型的措施。政府从促进社会进步与拉动服务型经济增长的角度来考虑，可选择对服务创新调控和不调控（对企业是否开展服务创新进行监管），政府的行为集合是调控，还是不调控。"调控"是指政府付出一定的人力资源、社会资源等对制造企业的服务创新行为进行调控；"不调控"是指政府对制造企业是否切实实行服务转型策略不予以干涉。客户出于自身利益考虑可选择参与和不参与企业服务创新活动。

（3）模型假设及相关参数设定

假设1：在制造企业群体、政府、客户三方博弈的起步阶段，制造企业选择"采取"策略的概率为 $x(0 \leqslant x \leqslant 1)$，选择"不采取"策略的概率为 $1-x$；政府选择"调控"策略的概率为 $y(0 \leqslant y \leqslant 1)$，选择"不调控"策略的概率为 $1-y$；客户选择"参与"策略的概率为 $z(0 \leqslant z \leqslant 1)$，选择"不参与"策略的概率为 $1-z$。

假设2：现有一项服务创新方法能够推进我国制造企业服务化转型进程，若企业选择采取服务创新将投入相应的人力、物力及财力等额外成本 T_1，获得服务创新市场的收益为 M_1，若此时客户也参与创新，企业将获得客户支持系数 a，同时会获得政府提供的各项倾斜政策与补贴等；该项投入具有正向的外部效应，企业选择采纳策略时获得社会收益

为 H。如果企业不进行服务创新，那么处于传统市场的收益为 M_2，可能会缴纳的罚款为 D_1。

假设3：政府的调控成本为 T_2；政府得到传统企业的罚款为 D_1，以鼓励创新；政府对积极采纳服务创新企业的投入补贴系数为 t，即企业获得的投入补贴为 tT_1；政府对积极采纳服务创新企业的税收补贴系数为 b；客户赞同政府的调控决策，促进政府增加收益时为 U_1；政府承担因企业坚持传统生产而对环境形成污染的管制费用时为 D_2。如果政府选择不监管策略，根据企业选择的不同策略，政府的收益则可能是0或 $-D_2$。

假设4：政府调控为客户生活提供了便利，从而得到长久获利时为 U_2，制造企业抵抗开展服务创新行为，给客户带来负面影响时为 D_3；客户参与创新时，企业开展服务创新活动所付出的成本为 aM_1。如果客户参与某项活动或行为，主要原因是该活动或行为能够使客户在参与过程中得到前所未有的感受，从而增加了该活动或行为在客户心中的预期值。鉴于此，研究假设客户参与服务创新会额外得到的心理效用系数为 r。主要参数的设定及含义，见表6-3。

表6-3　　　　　　　　　　**主要参数的设定及含义**

参数	含义
T_1	制造企业采取服务创新时所付出的成本
T_2	政府采取调控时所付出的人力资源、社会资源等成本
U_1	政府采取服务创新调控策略，得到了客户支持，进而提高政府公信力的量化指标（常量）
U_2	公民生活质量因政府有效开展服务创新调控而获得了正向作用的量化指标（常量）
D_1	政府调控阶段对消极抵抗的传统生产企业的罚款
D_2	制造企业继续以传统方式生产，给政府环保工作造成阻碍的量化指标（常量）

续表

参数	含义
D_3	制造企业继续以传统方式生产，给公民居住环境造成污染破坏的量化指标（常量）
M_1	制造企业进行服务创新所获得的收益
M_2	制造企业采用传统方式生产所获得的收益
H	制造企业采取服务创新策略所获得的外部社会收益
a	客户参与企业服务创新时的支持系数
t	政府对积极采纳服务创新企业的投入补贴系数
b	政府对积极采纳服务创新企业的税收补贴系数
r	客户参与服务创新时额外获得的心理效用系数

基于以上参数和假设，可以构建出制造企业、政府和客户三方演化博弈策略组合及不同组合模式下的收益矩阵，见表6-4。

表6-4 **制造企业、政府和客户三方演化博弈策略组合下的收益矩阵**

策略组合	制造企业收益	政府收益	客户收益
服务创新+调控+参与	$(t-1)T_1+(a+b)M_1+H$	$-T_2+U_1-tT_1-bM_1$	$U_2-aM_1+r(M_1-M_2)$
服务创新+调控+不参与	$(t-1)T_1+(1+b)M_1+H$	$-T_2+U_1-tT_1-bM_1$	U_2
服务创新+不调控+参与	$-T_1+aM_1+H$	0	$-aM_1+r(M_1-M_2)$
服务创新+不调控+不参与	$-T_1+M_1+H$	0	0
不服务创新+调控+参与	M_2-D_1	$-T_2+U_1+D_1-D_2$	$U_2-D_3-M_2$
不服务创新+调控+不参与	M_2-D_1	$-T_2+U_1+D_1-D_2$	U_2-D_3
不服务创新+不调控+参与	M_2	$-D_2$	$-D_3-M_2$
不服务创新+不调控+不参与	M_2	$-D_2$	$-D_3$

6.4.2　制造企业服务创新演化的复制动态分析

复制动态理论主要动态描述和分析具有有限理性的主体策略不断优化的过程。下面分别构造制造企业、政府和客户行为策略的复制动态方程。复制动态分析属于动态微分分析法，主要用于研究演化博弈问题中任意策略在其所在集合内的适应性程度。判定策略是否适合在群体中进行演化且具有抵御其他策略入侵的稳定性，主要方法在于辨别博弈过程中某个策略的收益是否大于群体的平均收益。

制造企业群体"服务创新"和"不服务创新"决策的期望收益分别为 E_{x1}、E_{x2}：

$$E_{x1}=yz[(t-1)T_1+(a+b)M_1+H]+y(1-z)[(t-1)T_1+(1+b)M_1+H]+(1-y)z(-T_1+aM_1+H)+(1-y)(1-z)$$
$$(-T_1+M_1+H)$$

$$E_{x2}=yz(M_2-D_1)+y(1-z)(M_2-D_1)+(1-y)zM_2+(1-y)(1-z)M_2$$

制造企业群体的平均收益 E_x 为：

$$E_x=xy[(t-1)T_1+(1+b)M_1+H+z(a-1)M_1]+x(1-y)[-T_1+M_1+H+z(a-1)M_1]+(1-x)y(M_2-D_1)+$$
$$(1-x)(1-y)M_2$$

政府群体"调控"和"不调控"决策的期望收益分别为 E_{y1}、E_{y2}：

$$E_{y1}=xz(-T_2+U_1-tT_1-bM_1)+x(1-z)(-T_2+U_1-tT_1-bM_1)+(1-x)z(-T_2+U_1+D_1-D_2)+(1-x)(1-z)$$
$$(-T_2+U_1+D_1-D_2)$$

$$E_{y2}=(1-x)z(-D_2)+(1-x)(1-z)(-D_2)$$

政府群体的平均收益 E_y 为：

$$E_y=xy(-T_2+U_1-tT_1-bM_1)+(1-x)y(-T_2+U_1+D_1-D_2)+(1-x)(1-y)z(-D_2)+(1-x)(1-y)(1-z)(-D_2)$$

客户群体"参与"和"不参与"决策的期望收益分别为 E_{z1}、E_{z2}：

$$E_{z1}=xy[U_2-aM_1+r(M_1-M_2)]+x(1-y)[-aM_1+r(M_1-M_2)]+(1-x)y(U_2-D_3-M_2)+(1-x)(1-y)$$
$$(-D_3-M_2)$$

$$E_{z2}=xyU_2+(1-x)y(U_2-D_3)+(1-x)(1-y)(-D_3)$$

客户群体的平均收益 E_z 为：

$$E_z=xz[-aM_1+r(M_1-M_2)+yU_2]+(1-x)z(-D_3-M_2+yU_2)+x(1-z)yU_2+(1-x)(1-z)(yU_2-D_3)$$

（1）制造企业决策的复制动态分析

制造企业群体策略复制动态方程为：

$$F(x)=dx/dt=x(E_{x1}-E_x)=x(1-x)[y(tT_1+bM_1+D_1)+M_1-M_2+H+z(a-1)M_1-T_1] \qquad (6-1)$$

根据复制动态方程稳定性定理得出，稳定性策略 x 需要同时满足 $F(x)=0$ 和 $F'(x)<0$，因此按以下情况进行讨论：

i. 若 $y=[T_1-M_1+M_2-H-z(a-1)M_1]/(tT_1+bM_1+D_1)$，则 $F(x)\equiv0$，可见这一阶段无论制造企业采取何种策略皆为演化稳定策略，时间变化并不会影响策略结果。

ii. 若 $y\neq[T_1-M_1+M_2-H-z(a-1)M_1]/(tT_1+bM_1+D_1)$，令 $F(x)=0$，得到 $x=1$ 和 $x=0$ 两个准演化稳定点，则求导 $F'(x)$，得出：

$$F'(x)=(1-2x)[y(tT_1+bM_1+D_1)+M_1-M_2+H+z(a-1)M_1-T_1]$$

由第 4 章分析可知，服务创新的成功与客户参与密不可分，当 $a>1$ 时，企业积极投入创新成本进行服务创新，且 $tT_1+bM_1+D_1>0$。由此可知，$M_1-M_2+H+z(a-1)M_1-T_1$ 为企业服务创新的实际成本投入。

当 $M_1-M_2+H+z(a-1)M_1>T_1$ 或者 $y(tT_1+bM_1+D_1)>T_1$ 时，可判断 $F'(x)\big|_{x=1}<0$、$F'(x)\big|_{x=0}>0$，则 $x=1$ 是稳定策略，说明制造企业服务创新的市场收益高于其服务创新的实际成本支出，或者政府对服务创新企业的投入、税收补贴以及对传统生产企业的罚款仍然高于企业进行服务创新的实际成本投入，这时企业群体将采取服务创新策略。

若上述条件未得到满足，则分为以下两种情况做进一步讨论：当 $y>[T_1-M_1+M_2-H-z(a-1)M_1]/(tT_1+bM_1+D_1)$ 时，可判断 $F'(x)\big|_{x=1}<0$、$F'(x)\big|_{x=0}>0$，则 $x=1$ 是稳定策略，制造企业将选择服务创新策略；当 $y<[T_1-M_1+M_2-H-z(a-1)M_1]/(tT_1+bM_1+D_1)$ 时，可判断 $F'(x)\big|_{x=1}>0$、$F'(x)\big|_{x=0}<0$，则 $x=0$ 是稳定策略，即制造企业不进行服务创新。由此可知，客户群体与政府群体的决策对制造企业群体是否开展服务创新决策演化有紧密的联系，制造企业开展服务创新策略与否是有关个体层面、企业层面和制度层面三方主体共同博弈的结果。制造企业群体决策动态演化图，如图 6-5 所示。

（2）政府决策的复制动态方程

政府群体策略复制动态方程为：

$$F(y)=dy/dt=y(E_{y1}-E_y)=y(1-y)[x(tT_1+bM_1-D_1)-T_2+U_1+D_1] \qquad (6-2)$$

根据复制动态方程稳定性定理得出，稳定性策略 y 需要同时达到 $F(y)=0$ 和 $F'(y)<0$，因此按以下情况进行讨论：

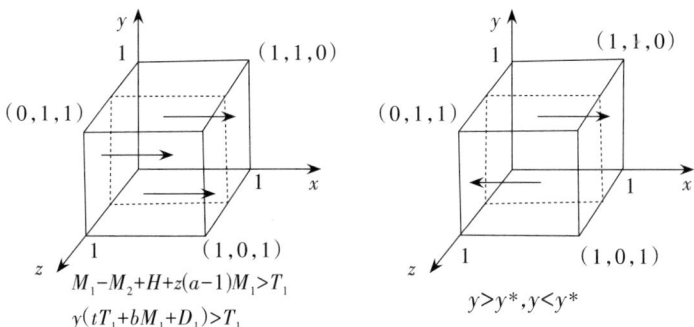

图6-5 制造企业群体决策动态演化图 （$y^*=[T_1-M_1+M_2-H-z(a-1)M_1]/(tT_1+bM_1+D_1)$）

i. 若 $x=(T_2+U_1+D_1)/(tT_1+bM_1-D_1)$，则 $F(y)≡0$，得出政府群体在这一时期无论是否选择"调控策略"都不会改变稳定策略这一结果。也就是说，这一时期内策略比例与时间变化无关。

ii. 若 $x≠(T_2+U_1+D_1)/(tT_1+bM_1-D_1)$，令 $F(y)=0$，得到 $y=0$ 和 $y=1$ 两个准演化稳定点，则求导 $F'(y)$，得到：

$$F'(y)=(1-2y)[x(tT_1+bM_1-D_1)-T_2+U_1+D_1]$$

其中，政府部门对实施服务创新企业的各项补贴支出为负值，所以有 $tT_1+bM_1-D_1<0$。当 $x>(T_2+U_1+D_1)/(tT_1+bM_1-D_1)$ 时，可判断 $F'(y)\big|_{y=0}>0$、$F'(y)\big|_{y=1}<0$，则 $y=1$ 是稳定策略；当 $x<(T_2+U_1+D_1)/(tT_1+bM_1-D_1)$ 时，可判断 $F'(y)\big|_{y=0}<0$、$F'(y)\big|_{y=1}>0$，则 $y=0$ 是稳定策略。由此可知，政府采取调控策略与否和制造企业是否选择服务创新策略有紧密的联系。当选择服务创新的制造企业的比例低于 $(T_2+U_1+D_1)/(tT_1+bM_1-D_1)$ 时，政府则会本着对节约成本及各项补贴费用和公信力提升覆盖效果等多重因素的反复考量采取不调控策略；当该比例高于 $(T_2+U_1+D_1)/(tT_1+bM_1-D_1)$ 时，政府则会在下一阶段的博弈中倾向于选择服务创新调控策略。政府群体决策动态演化图，如图6-6所示。

（3）客户决策的复制动态方程

客户群体策略复制动态方程为：

$$F(z)=dz/dt=z(E_{z1}-E_z)=z(1-z)\{[x(1-a)M_2+r(M_1-M_2)]-M_2\}\qquad(6-3)$$

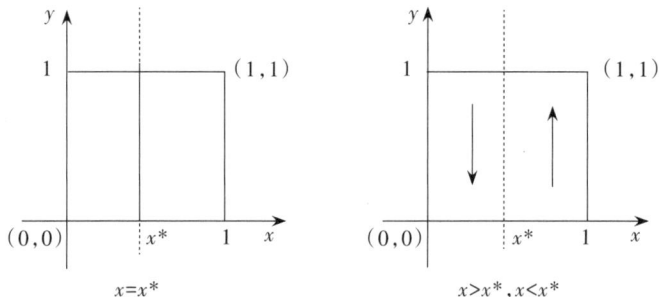

图6-6　政府群体决策动态演化图（$x^*=(T_2+U_1+D_1)/(tT_1+bM_1-D_1)$）

根据复制动态方程稳定性定理得出，稳定性策略 z 需要同时达到 $F(z)=0$ 和 $F'(z)<0$，因此按以下情况进行讨论：

i. 若 $x=[M_2-r(M_1-M_2)]/(1-a)M_2$，则 $F(z)\equiv0$，如此表明了客户群体在这一时期无论是否选择"参与策略"都不会改变稳定策略这一结果。也就是说，策略比例与时间变化无关。

ii. 若 $x\neq[M_2-r(M_1-M_2)]/(1-a)M_2$，令 $F(z)=0$，得到 $z=0$ 和 $z=1$ 两个准演化稳定点，则求导 $F'(z)$，得到：

$$F'(z)=(1-2z)\{[x(1-a)M_2+r(M_1-M_2)]-M_2\}$$

其中，M_2 为正，对 $x(1-a)M_2+r(M_1-M_2)$ 分两种情况进行讨论：

当 $x(1-a)M_2+r(M_1-M_2)<0$ 时，恒有 $[x(1-a)M_2+r(M_1-M_2)]-M_2<0$，可判断 $F'(z)\big|_{z=0}<0$、$F'(z)\big|_{z=1}>0$，则 $z=0$ 是稳定策略。也就是说，当客户群体选择参与制造企业的服务创新活动时，如果客户在购买企业产品或服务时所额外付出的成本大于企业推出新产品或服务时客户所获得的心理效用，那么客户群体将采取不参与企业服务创新的策略。

当 $x(1-a)M_2+r(M_1-M_2)>0$，且 $x>[M_2-r(M_1-M_2)]/(1-a)M_2$ 时，可判断 $F'(z)\big|_{z=0}>0$、$F'(z)\big|_{z=1}<0$，则 $z=1$ 是稳定策略，客户群体会通过演化策略参与制造企业的服务创新活动；当 $x(1-a)M_2+r(M_1-M_2)>0$，且 $x<[M_2-r(M_1-M_2)]/(1-a)M_2$ 时，可判断 $F'(z)\big|_{z=0}<0$、$F'(z)\big|_{z=1}>0$，则 $z=0$ 是稳定策略，客户群体最终会演化为不参与制造企业的服务创新活动。也就是说，客户通过参与服务创新获得了一定服务效用的感知或从产品处得到了心理满足后，客户群体参与服务创新决策的演化方向

取决于是否有足够多的企业开展服务创新活动（比例为$[M_2-r(M_1-M_2)]/(1-a)M_2$）。客户群体决策动态演化图，如图6-7所示。

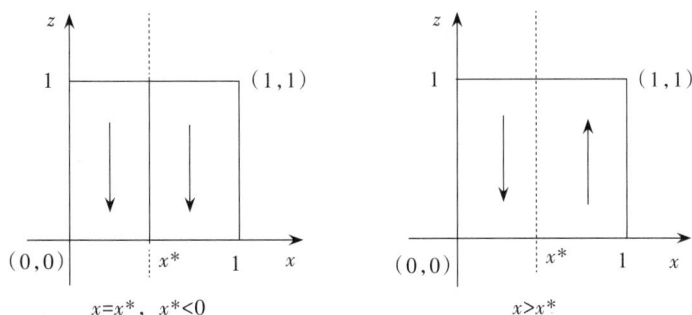

图6-7 客户群体决策动态演化图（x*=[M₁-r(M₁-M₂)]/(1-a)M₂)

6.4.3 三方主体策略演化稳定性分析

演化稳定策略也称 ESS 策略，即参与主体在演化过程中为获取利益的最大化而持续调整自身策略，最终各个主体间形成动态平衡的过程。

通过对三个主体复制动态分析发现，方程中制造企业主体决策的比例变化同时依赖政府和客户两个主体决策比例的变化，而政府主体决策变化仅与制造企业主体决策（式（6-2）仅包含 x 和 y 两个变量）有关，以及客户主体决策变化仅与制造企业主体决策（式（6-3）仅包含 x 和 z 两个变量）有关。因此，本书将通过分步分析法讨论均衡点（N1~N5）的稳定性，先将变量 z 作为常量，分析其他两个变量在制造企业主体和政府主体之间的演化稳定策略，然后将变量 y 作为常量，分析其他两个变量在制造企业主体和客户主体之间的演化稳定策略，在分步分析基础上探索制造企业服务创新的演化机理。

由式（6-1）和式（6-2）联立复制动态方程 $F(x)$、$F(y)$，组成了制造企业、政府双主体间的动态演化二维博弈决策，当系统中两个主体的不同策略期望值一致时，保持相对均衡。令 $F(x)=0$、$F(y)=0$，在 $R_1=\{(x,y) \mid 0\leqslant x\leqslant1, 0\leqslant y\leqslant1\}$ 上可得到5个均衡点，且当满足条件 $0\leqslant[T_1-M_1+M_2-H-z(a-1)M_1]/(tT_1+bM_1+D_1)\leqslant1$ 和 $0\leqslant(T_2-U_1-D_1)/(tT_1+bM_1-D_1)\leqslant1$ 时成立，见表6-5。

表6-5 制造企业与政府演化博弈均衡点

均衡点	边界	N1	$(0,0)$
		N2	$(0,1)$
		N3	$(1,0)$
		N4	$(1,1)$
	满足条件	N5	$(T_2-U_1-D_1)/(tT_1+bM_1-D_1), [T_1-M_1+M_2-H-z(a-1)M_1]/(tT_1+bM_1+D_1)$

其中，均衡点与演化博弈的均衡是一一对应的关系。N1~N4构成了制造企业与政府主体间演化博弈的边界，由该边界围成的区域N就是双方博弈的均衡解域，即$R_1=\{(x,y)\mid 0\leqslant x\leqslant 1,0\leqslant y\leqslant 1\}$，在该域内存在N5满足条件，但该状态属于非渐进稳定状态，因此需要讨论N1~N4的渐进稳定性。运用Jacobi矩阵的局部稳定性分析法来判定常微分方程均衡点的稳定性，得出制造企业与政府的动态博弈Jacobi矩阵：

$$J_1=\begin{bmatrix}(1-2x)\left[y(tT_1+bM_1+D_1)+M_1-M_2+H+z(a-1)M_1-T_1\right] & (tT_1+bM_1+D_1)x(1-x) \\ (tT_1+bM_1-D_1)y(1-y) & (1-2y)\left[x(tT_1+bM_1-D_1)-T_2+U_1+D_1\right]\end{bmatrix}$$

J_1的行列式：

$$DetJ_1=\{(1-2x)[y(tT_1+bM_1+D_1)+M_1-M_2+H+z(a-1)M_1-T_1](1-2y)[x(tT_1+bM_1-D_1)-T_2+U_1+D_1]\}-(tT_1+bM_1-D_1)y(1-y)(tT_1+bM_1+D_1)x(1-x)$$

J_1的迹：

$$TrJ_1=(1-2x)[y(tT_1+bM_1+D_1)+M_1-M_2+H+z(a-1)M_1-T_1]+(1-2y)[x(tT_1+bM_1-D_1)-T_2+U_1+D_1]$$

根据Jacobi矩阵的局部稳定性分析法阐释5个均衡点，其中$x^*=(T_2-U_1-D_1)/(tT_1+bM_1-D_1)$，$y^*=[T_1-M_1+M_2-H-z(a-1)M_1]/(tT_1+bM_1+D_1)$，见表6-6。

表6-6 制造企业和政府演化博弈的稳定性结果

均衡点	J_1行列式符号	J_1迹的符号	结果	稳定条件
$x=0$，$y=0$	+	+	不稳定点	任何条件下均不稳定
$x=0$，$y=1$	+	−	ESS	$tT_1+bM_1+D_1+M_1-M_2+H+z(a-1)M_1<T_1$, $U_1+D_1<T_2$

续表

均衡点	J_1行列式符号	J_1迹的符号	结果	稳定条件
$x=1$，$y=0$	+	−	ESS	$M_1-M_2+H+z(a-1)M_1<T_1$, $tT_1+bM_1+U_1<T_2$
$x=1$，$y=1$	+	−	ESS	$tT_1+bM_1+D_1+M_1-M_2+H+z(a-1)M_1>T_1$, $tT_1+bM_1+U_1>T_2$
$x=x^*$，$y=y^*$	0	0	鞍点	任何条件下都是鞍点

根据表6-6可绘制出制造企业与政府双方策略演化的相位图，即博弈过程中动态演化的稳定趋势，如图6-8所示。其中，$z(a-1)M_1$为客户参与制造企业服务创新后企业收益的实际增加量。

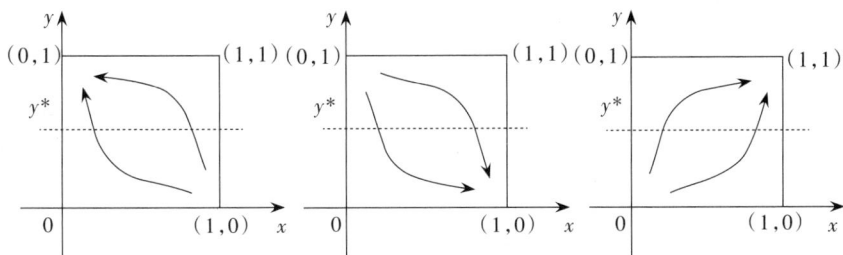

图6-8　制造企业与政府演化的相位图

结合表6-6进行分析，当$tT_1+bM_1+D_1+M_1-M_2+H+z(a-1)M_1<T_1$时，即当政府在调控时给予服务创新企业的各项补贴和制造企业采取服务创新后收益的实际增加量小于制造企业进行服务创新时所投入的成本，且$U_1+D_1<T_2$时，或当政府调控的成本低于因服务创新调控而获得的公信力提升和传统生产企业所缴纳的罚款之和时，制造企业和政府双方的博弈最终将收敛为稳定均衡状态（$x=0$，$y=1$），即制造企业不采取服务创新，政府进行调控；当$M_1-M_2+H+z(a-1)M_1<T_1$时，即当制造企业进行服务创新相较于传统生产的实际收益提升量少于服务创新成本与客户参与的心理效用提升之差，且$tT_1+bM_1+U_1<T_2$时，或当政府调控的成本高于其为服务创新企业提供的各项补贴及公信度之和时，制造企业和政府双方的博弈最终将收敛为稳定均衡状态（$x=1$，$y=0$），即制造企业采取服务创新，政府不调控；当$tT_1+bM_1+D_1+M_1-M_2+H+z(a-1)M_1>T_1$时，即当政府在调控时给予服务创新企业的各项补贴和企业采取服务创新后收益的实际增加量高于制造企业进行服务创新时所投入的成本，且 $tT_1+bM_1+U_1>T_2$ 时，或当政府调控的成本低于其为服务创新的企业提供的各项补贴及公信度之和时，制造企业和政府双方的博弈最终将收敛为稳定均衡状态（ $x=1$ ， $y=1$ ），即制造企业采取服务创新，政府进行调控。

由式（6-1）和式（6-3）联立复制动态方程 $F(x)$ 、 $F(z)$ ，组成了制造企业、客户双主体间的动态演化二维博弈决策，当系统中两个主体的不同策略期望值一致时，保持相对均衡。令 $F(x)=0$ 、 $F(z)=0$ ，在 $R_2=\{(x, z) \mid 0 \leq x \leq 1, 0 \leq z \leq 1\}$ 上可得到5个均衡点，且当满足条件 $0 \leq [T_1-y(tT_1+bM_1+D_1)-M_1+M_2-H]/(a-1)M_1 \leq 1$ ， $0 \leq [M_2-r(M_1-M_2)]/(1-a)M_2 \leq 1$ 时成立，见表6-7。

表6-7 制造企业与客户演化博弈均衡点

均衡点	边界	N6	$(0, 0)$
		N7	$(0, 1)$
		N8	$(1, 0)$
		N9	$(1, 1)$
	满足条件	N10	$[M_2-r(M_1-M_2)]/(1-a)M_2, [T_1-y(tT_1+bM_1+D_1)-M_1+M_2-H]/(a-1)M_1$

其中，N6～N9构成了制造企业与客户主体间演化博弈的边界，由该边界围成的区域 N 就是双方博弈的均衡解域，即 $R_2=\{(x, z) \mid 0 \leq x \leq 1, 0 \leq z \leq 1\}$ ，在该域内存在 N10 满足条件，但该状态属于非渐进稳定状态，因此需要讨论 N6～N9 的渐进稳定性。同理，得到制造企业与政府间动态博弈 Jacobi 矩阵：

$$J_2=\begin{bmatrix} (1-2x)[y(tT_1+bM_1+D_1)+M_1-M_2+H+z(a-1)M_1-T_1] & (a-1)M_1(1-x)x \\ (1-a)M_2(1-z)z & (1-2z)\{[x(1-a)M_2+r(M_1-M_2)]-M_2\} \end{bmatrix}$$

J_2 的行列式：

$$DetJ_2=\{(1-2x)[y(tT_1+bM_1+D_1)+M_1-M_2+H+z(a-1)M_1-T_1](1-2z)[x(1-a)M_2+r(M_1-M_2)]-M_2\}-(a-1)M_1(1-x)x(1-a)M_2(1-z)z$$

J_2 的迹：

$$TrJ_2=\{(1-2x)[y(tT_1+bM_1+D_1)+M_1-M_2+H+z(a-1)M_1-T_1]+(1-2z)[x(1-a)M_2+r(M_1-M_2)]-M_2\}$$

根据 Jacobi 矩阵的局部稳定性分析法，对上述 $N6\sim N10$ 均衡点进行分析，结论见表 6-8。其中，$x^*=[M_2-r(M_1-M_2)]/(1-a)M_2$，$z^*=[T_1-y(tT_1+bM_1+D_1)-M_1+M_2-H]/(a-1)M_1$。

表6-8   制造企业和客户群体演化稳定性结果

均衡点	J_2行列式符号	J_2迹的符号	结果	稳定条件
$x=0$，$z=0$	+	+	不稳定点	任何条件下均不稳定
$x=0$，$z=1$	+	−	ESS	$y(tT_1+bM_1+D_1)-M_2+H+aM_1<T_1$，$r(M_1-M_2)<M_2$
$x=1$，$z=0$	+	−	ESS	$M_1-T_1<M_2+H-y(tT_1+bM_1+D_1)$，$r(M_1-M_2)<aM_2$
$x=1$，$z=1$	+	−	ESS	$y(tT_1+bM_1+D_1)-M_2+H+aM_1>T_1$，$r(M_1-M_2)<aM_2$
$x=x^*$，$z=z^*$	0	0	鞍点	任何条件下都是鞍点

根据表 6-8 可绘制出制造企业与客户双方策略演化的相位图，即博弈过程中制造企业与客户动态演化的稳定趋势，如图 6-9 所示。其中，$y(tT_1+bM_1+D_1)$ 表示政府对服务创新企业支付的各项补贴之和。

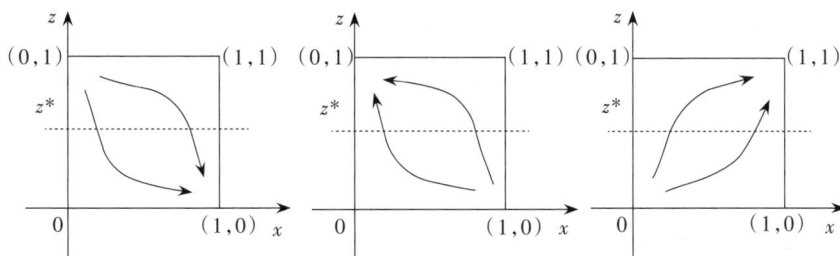

图6-9   制造企业与客户演化的相位图

当 $y(tT_1+bM_1+D_1)-M_2+H+aM_1<T_1$ 时，即当制造企业选择服务创新策略所付出的成本高于政府给予服务创新企业的补贴以及企业选择服务创新所获得的外部社会收益和客户的支持为服务创新企业带来的收益与传统生产所获得的收益之差，且 $r(M_1-M_2)<M_2$ 时，或当客户支持新产品或服务的心理效用低于获取传统产品或服务的投入时，制造企业和客户双方的博弈将趋于稳定均衡状态（$x=0$，$z=1$），即制造企业不采取服

务创新，客户参与服务创新；当 $M_1-T_1<M_2+H-y$ $(tT_1+bM_1+D_1)$ 时，即当企业采取服务创新的净收益增加值超过企业传统生产方式的净收益增加值，且 r (M_1-M_2) $<aM_2$ 时，或当客户群体参与制造企业的服务创新后，客户在获得企业产品或服务时所支付的附加成本高于企业在推出新产品或新服务后客户所获得的心理效用时，制造企业和客户双方的博弈最终将收敛为稳定均衡状态（$x=1$，$z=0$），即当制造企业采取服务创新，客户不参与服务创新；当 y $(tT_1+bM_1+D_1)$ $-M_2+H+aM_1>T_1$ 时，即制造企业采取服务创新策略所付出的成本低于政府给予服务创新企业的补贴以及企业选择服务创新所获得的外部社会收益和客户的支持为服务创新企业带来的收益与传统生产所获得的收益之差，且 r (M_1-M_2) $<aM_2$ 时，或当客户群体参与制造企业服务创新后，企业在推出新产品或新服务后客户所获得的心理效用高于购买企业新产品或新服务支付的附加成本时，制造企业和客户双方的博弈最终将收敛为稳定均衡状态（$x=1$，$z=1$），即制造企业采取服务创新，客户参与服务创新，这也是动态博弈所期望的稳定状态。

通过上述演化稳定条件可以得出，制造企业群体和政府群体决策的演化稳定状态受到客户群体决策比例 z 的影响，制造企业群体和客户群体决策的演化稳定状态受到政府群体决策比例 y 的影响。因为演化过程的动态性随 y 和 z 的数值而变化，同时博弈系统的均衡状态对 y 和 z 的细微扰动的稳健性也有所欠缺，所以要使三方博弈最终向预期方向演化不能仅通过调整初始条件。

6.4.4　数值仿真

该部分研究旨在为社会提供政府正向调控、制造企业和客户积极配合的理想制造企业转型升级运营模式，以促进服务创新发展，即鼓励三方博弈演化为政府正向调控、制造企业配合进行服务创新、客户参与企业创新的 $x=1$、$y=1$、$z=1$ 理想决策状态。结合上文的稳定性分析，在制造企业和政府的博弈中，条件 $tT_1+bM_1+D_1+M_1-M_2+H+z$ $(a-1)$ $M_1>T_1$ 和 $tT_1+bM_1+U_1>T_2$ 均是促进企业开展服务创新、政府正向调控的演化条件。也就是说，政府要尽量满足制造企业进行服务创新阶段的资金需求，提供适量的补贴，保证良好的制度层面支持。满足 $y(tT_1+bM_1+D_1)-M_2+H+aM_1>T_1$，即模型中的企业层面所要完成的条件。也就是说，拥有一定数量的客户支持是制造企业采取服务创新决策的必要条件。满足 $r(M_1-M_2)<aM_2$，即模型中的个体层面所需要达到的条件。也就是说，需要保证制造企业在开展服务创新后能够为客户带来足够的心理效用。由此可知，政府支持力度较优、客户积极参与企业服务创新、企业自身开展服务创新意识较强，形成合力共同推进制造企业服务化转型升级，最终达成三方博弈向 $x=1$、$y=1$、$z=1$ 的理想决策状态演化。

根据约束条件和复制动态方程，运用 Matlab 仿真软件对客户、制造企业和政府三方博弈理想状态进行数值试验分析，基于约束条件设置主要参数的初始值。在此基础上，分别设定 x、y、z 的初始值，其中固定 x 的初始值为 0.4、固定 y 的初始值为 0.2、固定 z 的初始值为 0.7，验证其他两个变量变化对演化趋势的影响，如图 6-10、图 6-11、图 6-12 所示。

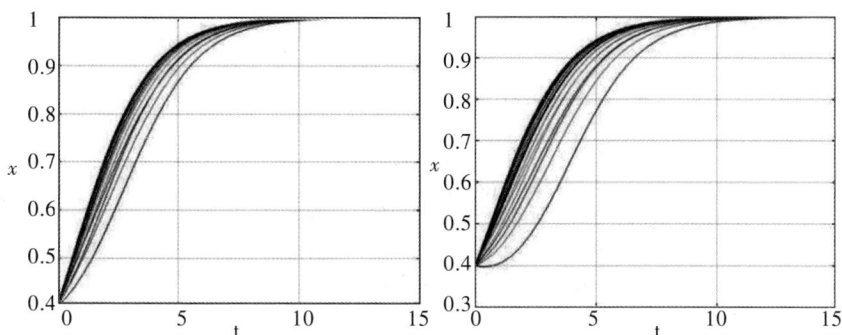

图 6-10　y，z 初始值变化对 x 值演化路径的影响

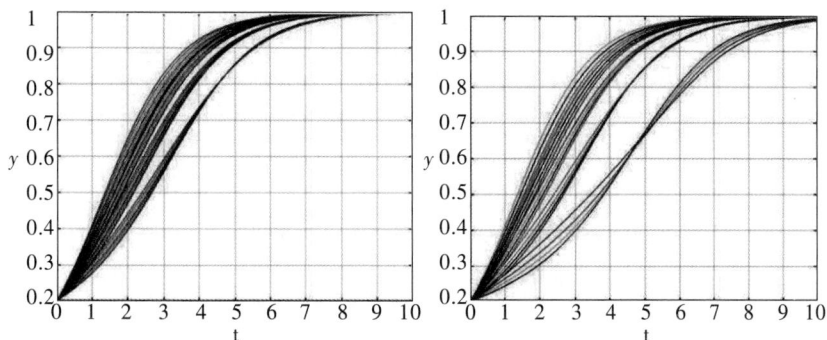

图 6-11　x，z 初始值变化对 y 值演化路径的影响

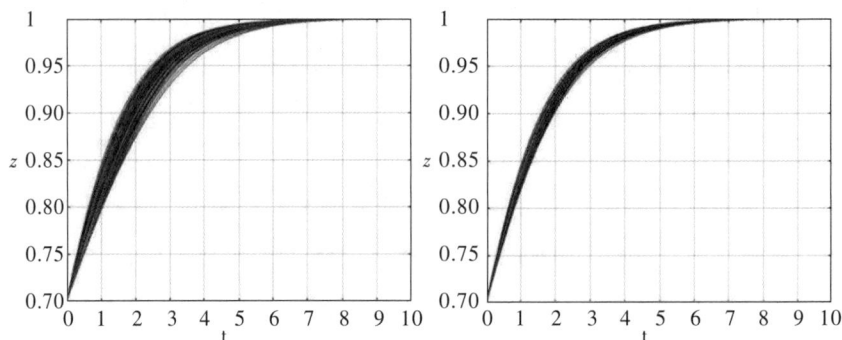

图6-12　x，y初始值变化对z值演化路径的影响

进一步探讨客户、制造企业和政府三方主体共同演化的数值试验及仿真分析，分别设置两组初始值$x_0=0.2$，$y_0=0.4$，$z_0=0.6$和$x_0=0.1$，$y_0=0.1$，$z_0=0.7$。三方主体演化的趋势图，如图6-13所示。

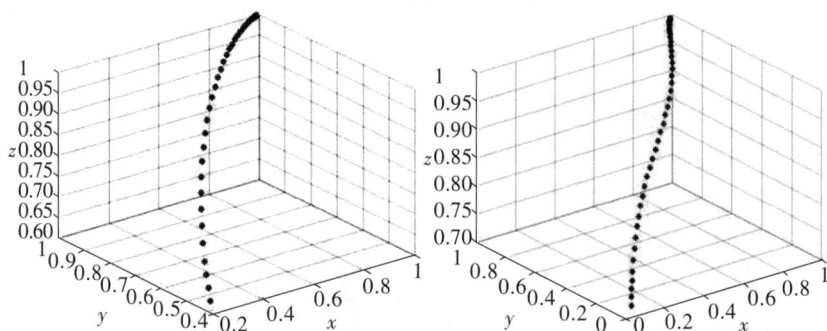

图6-13　三方主体演化的趋势图

6.4.5　数据分析

（1）选择某种策略的三方初始比例变化对演化结果的影响

数值实验采取上述参数，可以看出客户、制造企业和政府三方主体策略交互的路径依赖性，验证了在设定约束条件的情况下，三方博弈主体能够随时间从单独演化到全部采取积极策略，该状态说明了三方博弈主体在一个三维坐标系中的策略演化趋势。当满足上述条件时，能够驱使三方博弈主体最终演化制造企业服务创新、政府关注调控和市场趋向合理的理想状态，与前文结论一致。

（2）政府和客户主体策略变化对制造企业主体演化过程的影响（如

图6-10所示）

在约束条件范围内变动y和z的初始值，得到x值的演化曲线，最终演化为x值趋近于1。演化的初期发生x值下降的情况，说明随着时间的推移该阶段采取服务创新的制造企业数量正在减少，主要原因可能是该阶段政府的调控力度不够，同时客户参与服务创新的程度也比较低，导致部分企业从服务创新策略转变为传统生产方式，后期随着时间的推移，政府开始进行调控，客户参与服务创新的程度和支持力度也有所增加，制造业群体最终会全部进行服务创新，这些都属于演化过程中的正常现象。

（3）客户和制造企业主体策略变化对政府主体演化过程的影响（如图6-11所示）

在约束条件范围内变动x和z的初始值，得到y值的演化曲线，最终演化为y值趋近于1。这表明y值的变化呈单调上升趋势，前期上升趋势比较迅速，后期上升趋势逐渐减慢，最终演化的终点是政府采取调控措施。这说明政府在采取调控的过程中，前期进行服务创新的制造企业较少，随着时间的推移大部分企业顺应市场导向进行服务化转型，客户逐渐参与企业的服务创新活动，政府实现总体调控。

（4）政府和制造企业主体策略变化对客户主体演化过程的影响，（如图6-12所示）

在约束条件范围内变动x和y的初始值，得到z值的演化曲线，最终演化为z值趋近于1。这表明z值的变化呈单调上升趋势，前期上升趋势比较迅速，后期上升趋势逐渐减慢，最终演化的终点是客户参与企业的服务创新活动。

6.4.6　结果讨论

通过客户、制造企业和政府三个层面主体间的复制动态分析、演化稳定性分析及数值仿真实验验证，得出以下主要结论：

第一，从服务创新演化的复制动态方程可知，政府的调控比例y和客户群体参与决策比例z的演化只与制造企业群体服务创新决策比例x有关，而y和z之间并无相互影响；制造企业服务创新决策比例x与政府群体、客户群体的决策比例有关。如此说明了政府的策略选择不会受到客户是否参与制造企业服务创新的影响，客户的策略选择也不会受到政府是否对制造企业服务创新进行调控的影响，在制造企业策略选择时既要把握政府的调控策略，又要考量客户的参与决策来抉择和调整自身的服务创新策略。也就是说，制造企业服务创新的决策、服务创新开展效果的好坏以及服务化转型升级的成败取决于三方主体的共同作用。

第二，从三方主体演化的稳定性分析可知，服务创新的演化是三方主体共同参与演化的过程，政府与制造企业主体决策演化的稳定状态受到客户决策比例的影响，而制造企业与客户主体决策的演化稳定状态受到政府主体决策比例的影响。三方主体达到理想演化状态需要同时满足：政府对制造企业服务创新的调控力度，即良好的制度层面调控；客户对新产品或新服务的支持力度，即良好的个体层面支持；保证制造企业进行服务创新后能够为客户带来足够的心理效用，即良好的企业层面控制。

第三，从数值仿真的结果可知，三方博弈主体能够随时间从单独演化到全部采取积极策略，说明了在满足一定条件时三方主体能够最终演化为制造企业服务创新、政府关注调控和市场趋向合理的理想状态，与前文结论一致。

6.5 本章小结

本章以组织生态学作为出发点，首先，对制造企业服务创新演化的相关理论进行了辨析；其次，构建了制造企业服务创新演化的理论模型，为"双碳"目标下制造企业服务创新演化机理模型的构建提供了研究基础；最后，基于演化博弈理论从个体层面、企业层面和制度层面构建了制造企业服务创新演化的三方主体博弈模型，并运用Matlab进行数值仿真及数据分析，深入剖析了不同层面因素对制造企业服务创新的演化机理，揭示其演化路径及规律，有助于解决局限企业服务创新的难题和阻碍，是促进企业服务创新发展的重要阶段。

7 制造企业服务创新发展水平评价研究

在第3章构建的"双碳"目标下制造企业服务创新发展研究的理论框架中，服务创新发展水平评价是制造企业服务创新发展研究的反馈"体"，是对第4章服务创新的影响因素识别、第5章服务创新的影响机理和第6章服务创新演化机理研究的整体性、科学性的反馈。本章将继续从个体层面、企业层面和制度层面三个方面构建"双碳"目标下制造企业服务创新发展水平评价的指标体系，然后运用DS-SEW-FCE综合评价方法构建制造企业服务创新发展水平的评价模型，给出实证评价，帮助企业精准发掘自身服务创新发展的欠缺进而第一时间调整发展方向，在一定程度上指导企业实现自我评价和及时反馈，以期为我国制造企业服务创新发展提出更具时效性和精准性的对策和建议，也为下一章促进制造企业服务创新发展奠定基础。

7.1 评价指标体系构建

"双碳"目标下制造企业服务创新评价指标是企业科学测度其服务创新发展水平优劣的关键工具，也是企业实施有效服务创新战略的重要依据。鉴于此，构建科学规范的指标评价体系，有效评价制造企业服务创新发展水平，对我国制造企业服务创新发展制定策略尤为关键。

7.1.1 构建原则

构建评价指标体系是评价制造企业服务创新发展水平的首要考量因素，评价指标体系是否系统、科学、合理对制造企业服务创新评价的有效性具有重要影响。鉴于此，为获得客观、准确和真实的评价结果，构建制造企业服务创新评价指标体系必须遵照如下原则：

（1）系统性原则

系统性原则是指在构建指标体系时必须具有较强的逻辑联系，需要所构建体系从多角度对服务创新的核心内容加以反映，也需要不同层面的指标形成有机的整体。服务创新是一个综合性概念，通过前文的系统性研究将指标体系的构建分为个体层面、企业层面和制度层面，具有一定的层次性，是由粗略到细致逐渐深化的过程，指标之间必须具有相关性，在不同层级间的指标有区分度的同时也能充分反映从属指标的内容。

（2）科学性原则

科学性原则是指在构建评价指标体系时应该有一定的理论依据作为参照，使其可以较为真实、精准、全面地对制造企业服务创新的实际情况和综合特征加以反馈。基于扎根理论质化研究方法，根据制造企业服务创新的内涵和特征遴选出可以反映企业服务创新影响因素的评价指标，构建制造企业服务创新评价指标体系，以反映制造企业服务创新的真实水平。

（3）有效性原则

有效性原则是指在构建评价指标体系时能够切实有效地体现评价对

象真实情况和预设目标的有效程度。有效性原则要求所构建的制造企业服务创新评价指标体系的评价结果能够较为真实地反映出制造企业服务创新的真实状况，与实际状况之间具有高吻合度，以证明评价的有效性。如无法满足这一原则，说明构建的指标体系是无效的。

（4）可比性原则

可比性原则是指各评价指标的统计制度等标准具有一致性，能够从多个层面衡量制造企业服务创新。可比性原则是评价指标体系是否具有实用价值的体现。这一原则要求在构建制造企业服务创新评价指标体系时同一层面上的指标具有独立性，互相之间不能交叉重复，指标设置具有相同的含义和统一标准，计量单位规范，从而保证指标评价标准的一致性和实用性。

（5）可操作性原则

可操作性原则是指评价指标体系在实际评价中的可实现程度。可操作性原则要求在构建制造企业服务创新评价指标体系时，在确保可行性的前提下，指标尽量简明扼要，并充分考虑数据收集的难易程度，以保证其具有较强的操作性。因此，在设计制造企业服务创新评价指标时，应尽量挑选能够在最大程度上反映评价对象实际情况且误差较小的少数指标，将数据能否定量处理的问题考虑在内，以确保数据的顺利获取。

（6）定性定量结合原则

定性定量结合原则是指评价指标体系指标多样性的一种体现。制造企业服务创新评价指标涵盖多个层面，涉及多方面指标，既包括定性指标和定量指标，也包括确定性指标和非确定性指标，将二者有机结合起来能够更全面、更真实地评价制造企业服务创新情况。

7.1.2　指标体系的建立

评价指标体系的构建是评价研究的重要内容，目前学术界对制造企业服务创新发展水平评价研究涉及较少，尤其以制造企业作为研究对象更是少之又少，也未形成国际化权威的指标体系。在学术界开始关注对服务创新评价指标体系的研究时，技术创新评价指标体系的研究发展相对完善。这一研究现象致使有关服务创新评价初期主要考察有关技术的维度而很少从服务创新维度考察，以至于现有的有关服务创新评价指标体系有些许参考意义，可是却未能准确体现出企业客观的服务创新。

从现阶段对于服务创新评价的研究来看，国外学者对服务创新评价的研究多集中于单一指标的测度，即学习能力、客户参与创造、知识获取等对服务创新均有积极影响；在多指标综合评价方面，最常见的思路是借鉴技术创新的评价指标，从投入和产出视角构建评价指标体系，主要的服务创新投入指标包括人员投入、研发投入、资金投入等；主要的服务创新产出指标包括经济效益、社会效益、创新溢出效益、知识产出水平等。一部分学者指出，环境动荡性所引发的企业能力与其嵌入情景之间的冲突是企业培育服务创新的前提和衡量指标；另一部分学者从知识基础观视角以及知识资源的创造获取等视角解释衡量服务创新。衡量企业服务创新需要将客户对企业服务创新的影响纳入考察范围。我国对于服务创新评价的研究并不成熟，早期评价基本沿用制造业技术创新的评价指标，关注实验条件、发明专利、技术能力等方面。这些指标并不能有效反映出服务创新的无形性、难以捕捉性等特征，尤其是在全球化大背景下，无法准确评价服务创新发展水平将会导致制造业转型滞后等一系列问题。因此，亟需结合我国制造企业发展特点，紧密结合服务创新特征，搭建更适用的评价指标体系。

综合考虑并结合过往文献研究以及前面对制造企业服务创新内涵、特征及影响因素等方面的分析，利用扎根理论分析制造企业服务创新的影响因素，将制造企业服务创新评价体系构建为个体层面、企业层面和制度层面，囊括外部合作、研发投入、知识成果、制度环境等契合服务创新特征的多个方面。综上所述，本书在遵循评价指标体系构建可行性、客观性和科学性原则的基础上结合"双碳"目标下我国制造企业服务创新发展特点，构建个体层面、企业层面和制度层面的制造企业服务创新发展水平三维评价体系，依据分层构造的思想，将一级指标设定为个体层面、企业层面和制度层面。其中，个体层面指标主要反映制造企业服务创新发展的过程，重点考察企业开展服务创新过程中内部与外部合作者协同创新的程度；企业层面指标主要反映制造企业服务创新发展过程中企业服务创新实力和水平，以及制造企业服务创新的目的和结果，重点考察服务创新活动为企业带来的实质性增长；制度层面指标主要反映制造企业服务创新发展过程中与环境互动的结果以及总体的经济创造能力，侧重考察制造企业现行经济体制下的发展状态和长期发展潜力。

制造企业服务创新发展水平评价体系中指标的设置本着数据可获取和可计算的前提，严格依据可操作性、科学性等原则设置，通过企业调研、专家访谈和焦点小组讨论对指标体系进行预筛选，再由10位服务创新领域专家对各指标打分，利用层次分析法去掉得分低于0.5的指标，并最终得到评价指标体系，指标设置（见表7-1）如下：

（1）个体层面：包括客户导向一级指标。其通过客户对服务创新的参与度 X_{11}、客户对新服务的满意度 X_{12}、客户对企业的忠诚度 X_{13} 三个指标进行衡量。

（2）企业层面：包括供应商协同、知识共创和服务创新能力三个一级指标。其中，供应商协商通过供应商协调与沟通意识 X_{201}、供应商快速响应应变意识 X_{202}、供应商与企业间的信息共享程度 X_{203} 三个指标进行衡量；知识共创通过知识理解能力 X_{204}、知识创新能力 X_{205} 和知识传递效率 X_{206} 三个指标进行衡量；服务创新能力通过知识管理平台建设能力 X_{207}、知识特征识别能力 X_{208}、服务创新战略规划能力 X_{209}、新产品/服务应用水平 X_{210}、产品/服务自主创新水平 X_{211}、服务交付准确性 X_{212}、服务交付及时性 X_{213}、商标保护程度 X_{214}、知识产权防御水平 X_{215} 九个指标进行测量。

（3）制度层面：包括规制压力、规范压力和认知压力三个一级指标。其中，规制压力通过服务型制造政策支持力度 X_{31}、传统制造业污染监管力度 X_{32} 两个指标进行衡量；规范压力通过服务创新行业规范程度 X_{33}、服务创新行业消费者保护力度 X_{34} 两个指标进行衡量；认知压力通过服务创新竞争力水平 X_{35}、新产品/服务市场份额 X_{36} 两个指标进行衡量。

表7-1　　　　　　　制造企业服务创新发展水平评价指标体系

目标层	准则层	一级指标	二级指标
制造企业服务创新发展水平 C	个体层面 (X_1)	客户导向 C_1	客户对服务创新的参与度 X_{11}
			客户对新服务的满意度 X_{12}
			客户对企业的忠诚度 X_{13}
	企业层面 (X_2)	供应商协同 C_2	供应商协调与沟通意识 X_{201}
			供应商快速响应应变意识 X_{202}
			供应商与企业之间的信息共享程度 X_{203}
		知识共创 C_3	知识理解能力 X_{204}
			知识创新能力 X_{205}
			知识传递效率 X_{206}
		服务创新能力 C_4	知识管理平台建设能力 X_{207}
			知识特征识别能力 X_{208}
			服务创新战略规划能力 X_{209}
			新产品/服务应用水平 X_{210}
			产品/服务自主创新水平 X_{211}
			服务交付准确性 X_{212}
			服务交付及时性 X_{213}
			商标保护程度 X_{214}
			知识产权防御水平 X_{215}
	制度层面 (X_3)	规制压力 C_5	服务型制造政策支持力度 X_{31}
			传统制造业污染监管力度 X_{32}
		规范压力 C_6	服务创新行业规范程度 X_{33}
			服务创新行业消费者保护力度 X_{34}
		认知压力 C_7	服务创新竞争力水平 X_{35}
			新产品/服务市场份额 X_{36}

从表7-1可看出，共设置了3个准则层，7个一级指标和24个二级指标。其中，在24个二级指标中，根据制造企业服务创新特征进行直观考量的有22个指标（占全部指标数量的91.67%）；严格依据科学性原则，根据技术创新特征进行考量的有2个指标（占全部指标数量的8.33%）；严格依据有效性原则，直接反映出制造企业服务创新特点的有15个指标。体系中全部指标的选取皆依照我国制造企业服务创新发展实际特征且综合考量领域内各位专家的建议，所选取的二级指标皆拥有高度的时间独立性以及内容代表性，且指标具有系统性、有效性、可比性以及数据获取的便利性与内容代表性强等特征。

7.2 评价方法

对于制造企业服务创新发展水平评价的研究，关系到传统制造企业转型升级这一重要的实践议题，能够为引导制造企业向高端化转型发展的政策制定提供抓手，而且服务的无形性等特征导致制造企业服务创新评价比传统有形资源评价更加困难，因此选取适合制造企业服务创新发展水平的评价方法已经成为当前服务创新领域研究的热点问题。

由于服务创新具有无形性、难以捕捉性和复杂性等特点，因此服务创新定性指标与定量指标参半，涉及大量的定性指标，而定量指标也会随着行业规模等差异而具有较大区别，对各指标进行分析评价时需要进行大量的主观判断，无法通过统计年鉴数据或企业财务报表直接获取评价数据，采用传统的技术创新评价方法进行评价存在一定的困难。故本书将D-S证据理论、结构熵权法和模糊综合评价方法综合应用，分析各个方法在制造企业服务创新发展水平评价阶段的适用性以及综合评价模型的基本步骤等。

7.2.1 DSF综合评价方法的适用性

（1）D-S证据理论

D-S证据理论（Dempster-Shafer evidence theory，D-S理论），1967年由美国学者Dempster首次提出，而后于1976年由其弟子Shafer延伸扩

展而得出的一种运用不完全或非精确证据进行决策的一种理论，具有处理不确定信息的能力。它不仅强调事物的客观性，还强调人类对事物估计的主观性，在界定未知或未确定层面以及精准判断证据收集领域具有较强的动态性。这种方法的优势在于：证据理论需要的先验数据比概率推理理论中的直观性和获取性更强；可以综合不同专家或数据源的知识和数据；对于不确定性问题的描述很灵活等。这种方法适用于实际研究。

（2）结构熵权法的适用性

结构熵权法（structural entropy weight method，SEW）是一种基于熵理论将主观赋权法与客观赋权法结合应用以确定指标体系权重的新方法，是将结合专家意见的德尔菲调查法综合模糊分析法而得出的一种典型排序，通过典型排序展开相应的熵值计算和"盲度"分析，预处理有一定偏差的数据，以降低典型排序过程中的不确定性，得出同一层面不同指标之间相对重要性的排序，确定各层面间指标的权重。结构熵权法的提出弥补了单一使用主观赋权法和客观赋权法时的弊端。主观赋权法理论相对成熟且解释性强，但是客观性相对较差，过于依赖专家经验，导致评价结果受专家偏好影响较大，评价结果不稳定；运用客观赋权法确定的权重的精准度较高，方法相对严谨且结果不受决策者主观偏好左右，但是其计算过程复杂且缺乏对外部意见的参考，导致结果的解释难度大且常与事实相违背，从而失去了赋权的真正意义。制造企业服务创新评价所涉及的指标相对较多，并包含定性指标和定量指标，结构熵权法将主观赋权法与客观赋权法相结合，能够更好地诠释制造企业服务创新评价指标。结构熵权法不仅能减少专家主观偏好影响，且计算简单、操作便利，更贴近实际情况。

（3）模糊综合评价方法的适用性

模糊综合评价方法（fuzzy comprehensive evaluation，FCE）是通过模糊数学衍生而来的综合评价方法，在模糊环境中将定性评价转变为定量评价，即需要考虑多重影响因素对某些事务或对象作出综合评价，具有逻辑性和系统性等特点，对于解决模糊或难以量化的问题有良好的效果，适用于制造企业服务创新中涉及诸多难以量化因素的评价。

模糊综合评价方法对所蕴含的因素模糊性强且结构性较为复杂的对象能够作出合理性、科学性和实际操作性强的量化评价，并且评价结果通过矢量而非点值的方式呈现，提供的信息更多样化，可用于评价主观、客观因素。

7.2.2　DSF综合评价模型

本节提出了D-S证据理论（D-S）、结构熵权法（SEW）和模糊综合评价方法（FCE）三种方法相结合的DSF综合评价模型，该模型充分利用了结构熵权法中主观赋权法与客观赋权法相结合的优势，依据模糊综合评价分析法对制造企业服务创新发展水平进行评价，判定各个指标对服务创新的影响程度，沿用证据理论处理不确定问题的有效性，增强结果的可靠性与客观性，以进一步提出促进制造企业服务创新发展的对策建议。

DSF综合评价模型主要包括四个部分：

（1）基于DSF确定综合评价层次模型；

（2）基于结构熵权法的主客观权重确定；

（3）基于模糊综合评价法对三个层面进行综合评价；

（4）通过D-S证据理论增强不确定信息的利用效果和评价结果的可靠性。

其具体过程及基本步骤可以归纳为：

（1）确定综合评价层次模型，构建制造企业服务创新发展水平综合层次模型。其中，制造企业服务创新发展水平设置为目标层，个体层面、企业层面和制度层面设置为准则层，24个指标设置为指标层。

（2）确定因素集 X，X 是指标体系中影响服务创新发展水平的各个指标所组成的集合。

（3）确定评价集 F，F 是刻画各个指标所处状态的评判集合，实质用以区分评价对象的评价区间，评价等级可分为五个等级，即差、较差、中、较好、好，五个划分等级亦可称为评价集组成元素。

（4）确定指标权重 S，S 是评价指标在整体评价体系中的价值高低或相对重要程度，通过结构熵权法处理得到典型排序，用以通过DSF综合评价模型计算指标值。

（5）建立模糊判断矩阵 *F.M*，*F.M* 是邀请专家对制造企业服务创新发展水平指标进行打分，是专家对单因素评价深入了解的结果，也是 DSF 综合评价模型中数据处理的关键对象。

（6）模糊合成算子，一种计算方法将指标权重 *S* 与模糊判断矩阵 *F.M* 结合得出最终结果，根据结果要求选择合理的模糊算子进行评判。

（7）评价结果向量，对制造企业服务创新发展水平评价后，对评价对象依据等级进行描述，应用最大隶属度原则判断对象的隶属等级。

（8）评价结果，运用 D-S 证据理论对评级对象总体进行综合评价。

DSF 综合评价方法流程如图 7-1 所示。

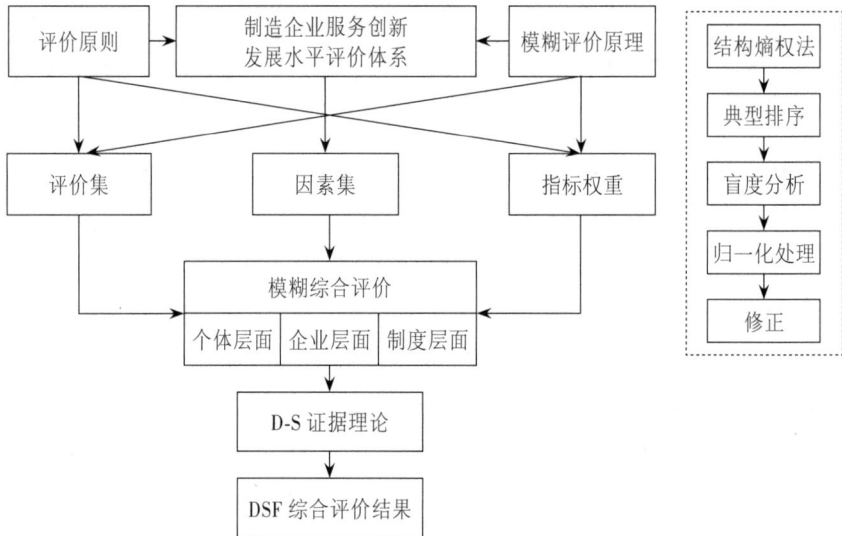

图 7-1 DSF 综合评价方法流程图

7.3 评价模型构建

7.3.1 确定指标体系模型、因素集与评价集

在 DSF 综合评价方法中，第一步需要建立评价对象的综合层次结构模型，如图 7-2 所示。

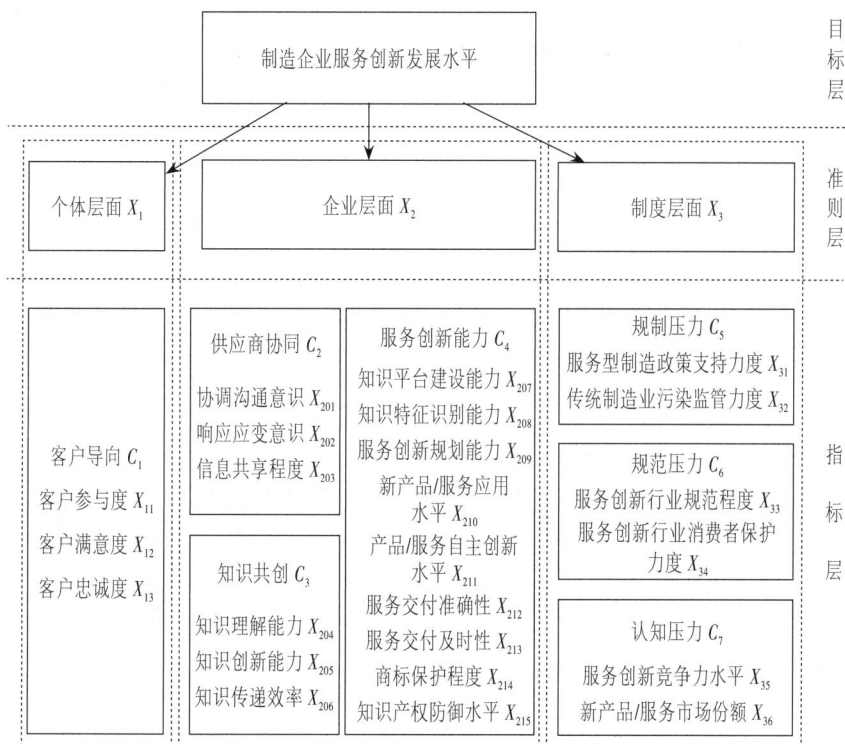

图7-2 综合层次结构模型图

确定指标体系的因素集。通过图7-2的描述建立制造企业服务创新发展水平的因素集，因素集是评价对象相关影响因素组成的集合，设 $X = \{X_1, X_2, \cdots, X_n\}$ 是描述被评价对象的 n 个评价因素，即评价指标；按照评价因素的属性差异将评价因素分为若干类，将每一类都视为单一评价因素，称为一级评价因素，一级评价因素可下设二级评价因素，相应因素集 $X_i = \{X_{i1}, X_{i2}, \cdots, X_{ij} \cdots\}$，其中 X_i 为因素集，X_{ij} 是第 i 级评价因素中的第 j 个指标。

确定指标体系的评价集。评价集是不同专家关于各个评价指标给出的评价等级集合，是一种对评价对象给予差异化程度评价的语言衡量，设 $F = \{f_1, f_2, \cdots, f_n\}$ 是描述每一个评价指标所处状态的 n 种判断，即评价等级，一般划分为 3~5 个等级。其中，各评价等级皆为模糊向量，描述了不同评价等级存在的隶属度，以表现评价的模糊特性。

7.3.2　确定评价指标权重

7.3.2.1　收集专家意见，形成"典型排序"

本书在评价集的基础上设计对应的德尔菲专家调查表，专家组成员的选取严格把握权威性、公开公正性原则，尽可能选取对评价指标/对象有相关从业或研究经验的专家，组成专家组，专家们凭借多年从业/研究经验独立完成评价集重要性递进排序的定性判断。本书作者依据德尔菲法要求收集整理专家意见，最终形成评价指标的"典型排序"（见表7-2）。

表7-2　制造企业服务创新发展水平评价指标重要性排序调查表

评价指标	专家序号	第一选择	第二选择	…	第m选择
指标1	专家1	○			
	专家2		○		
	⋮				○
	专家n			○	
指标2	专家1			○	
	专家2		○		
	⋮	○			
	专家n	○			
⋮	专家1			○	
	专家2		○		
	⋮		○		
	专家n				○
指标x	专家1				○
	专家2			○	
	⋮		○		
	专家n	○			

7.3.2.2 开展"盲度"分析

专家"典型排序"所给出的意见存在较强的主观性，可能存在一定概率的误差以及溯源数据未知性，为了规避或直接消除误差以提高其准确率，需要对"典型排序"的定性结果运用熵理论进一步处理，具体方法如下：

第一步：设专家组中共有 l 名专家，对应的指标集记为 $X = \{X_1,$ $X_2,$ $\cdots,$ $X_n\}$，指标集对应的"典型排序"数组记作 $(a_{i1}, a_{i2}, \cdots, a_{in})$，由 l 名专家组成指标"典型排序"矩阵为 $A(A = (a_{ij})_{l \times n}, i = 1, 2, \cdots, l, j = 1, 2, \cdots, n)$，$a_{ij}$ 是第 i 个专家对第 j 个指标的评价。

第二步：将"典型排序"进行定量、定性转化，定性排序转化的隶属函数表示为：

$$\gamma(J) = -\lambda p_n(J) \ln p_n(J) \tag{7-1}$$

其中，令 $p_n(J) = (m - J)/(m - 1)$，$\lambda = 1/\ln(m - 1)$，代入式（7-1）得：

$$\gamma(J) = -\frac{1}{\ln(m-1)} \left(\frac{m-J}{m-1}\right) \ln\left(\frac{m-J}{m-1}\right) \tag{7-2}$$

计算得到：

$$\mu(J) = -\frac{\ln(m-J)}{\ln(m-1)} \tag{7-3}$$

其中，J 是专家依据"典型排序"方式对某一指标评议后给出的定性排序数；μ 是定义在 [0，1] 上的变量，$\mu(J)$ 是 J 所对应的隶属函数值，m 为转化参数量，取 $m=j+2$。将 $J=a_{ij}$ 代入式（7-3）中，得到排序数 a_{ij} 的隶属度为 b_{ij}（$b_{ij}=\mu(a_{ij})$），隶属度矩阵表示为 $B=(b_{ij})_{l \times n}$。

第三步：假设 l 名专家对指标 u_j 具有统一的认知，即具有一致的看法，称为平均认识度，记为 b_j，其中 $b_j=(b_{1j}+b_{2j}+\cdots+b_{lj})/l$。

定义专家 i 对指标 j 存在认识上的非确定性，称为"认知盲度"，用 M_j 表示，令：

$$M_j = \left| \frac{\{[\max(b_{1j},b_{2j},\cdots,b_{lj}) - b_j] + [\min(b_{1j},b_{2j},\cdots,b_{lj}) - b_j]\}}{2} \right| \tag{7-4}$$

第四步：定义全体参与调查的 l 名专家对指标 u_j 的总体认识度 $x_j = b_j(1 - M_j)$ 且 $x_j > 0$，由 x_j 获得 l 名专家对指标 u_j 的评价向量 $X =$

$(x_1, x_2, \cdots, x_n)$。

第五步：$\eta_j = x_j / \sum\limits_{j=1}^{n} x_j$，其中 $\eta_j > 0$，且 $\sum\limits_{j=1}^{n} \eta_j = 1$。$(\eta_1, \eta_2, \cdots, \eta_n)$ 是专家对指标集重要程度的排序判断。

7.3.2.3 归一化处理

对 $x_j = b_j(1 - M_j)$ 进行归一化处理以得出指标 u_j 的权重，令：

$$a_j = \frac{x_j}{\sum\limits_{j=1}^{m} x_j} = 1 \tag{7-5}$$

满足 a_j $(j=1, 2, 3, \cdots, n) > 0$，其中 l 名专家对因素集 $X = \{X_1, X_2, \cdots, X_n\}$ 的重要性的一致性整体判断通过 $(a_1, a_2, \cdots, a_n)$ 予以体现，符合 l 名专家的整体认知，$W = \{a_1, a_2, \cdots, a_n\}$ 即称为因素集 $X = \{X_1, X_2, \cdots, X_n\}$ 的权向量。

7.3.3 模糊判断矩阵确定和模糊算子选择

模糊评判矩阵是建立评价对象的指标集后，将24个指标记为 X_i，$i=1, 2, \cdots, 24$。独立对各个指标因素 X_i 进行评价，得出因素 X_i 对评语 f_i 的隶属度 r_{ij} 和单因素 X_i 对评语 f_i 的隶属度的矩阵，即通过矩阵的形式对因素集和评价集各个元素间的交互作用予以体现。其中，隶属度是用以描述元素对集合中隶属关系的数量指标，主要用以描绘模糊性。建立模糊判断矩阵 R，形式如下：

$$R = \begin{bmatrix} R_1 \\ R_2 \\ \vdots \\ R_n \end{bmatrix} = \begin{bmatrix} r_{11} & r_{12} & \cdots & r_{1m} \\ r_{21} & r_{22} & \cdots & r_{2m} \\ \vdots & \vdots & \ddots & \vdots \\ r_{n1} & r_{n2} & \cdots & r_{nm} \end{bmatrix} \tag{7-6}$$

模糊判断矩阵 R 描述了因素集和评价集间的模糊关系，隶属度 r_{ij} 的取值范围为 $[0, 1]$，进而得到模糊综合评价的基本模型：$B = A \circ R$，展开形式为：

$$B = A \circ R = (a_1, a_2, \cdots, a_n) \circ \begin{bmatrix} r_{11} & r_{12} & \cdots & r_{1m} \\ r_{21} & r_{22} & \cdots & r_{2m} \\ \vdots & \vdots & \ddots & \vdots \\ r_{n1} & r_{n2} & \cdots & r_{nm} \end{bmatrix} = (b_1, b_2, \cdots, b_m) \tag{7-7}$$

式（7-7）中评价因素中专家打分情况用 n 描述，评价等级用 m 描述，模糊关系的合成运算用"。"描述，被称为模糊算子。不难发现，评价指标权重 A 与模糊评价矩阵 R 通过一系列运算能够得出模糊综合评价集 B。而模糊算子是人为定义的，因此也可以给"。"下不同的定义，以便比较模糊算子在模糊推理过程中控制效果孰优孰劣。表7-3给出并比较4种常见的模糊算子：

表7-3　　　　　　　　　模糊算子比较分析表

特点	$M(\wedge, \vee)$	$M(\bullet, \vee)$	$M(\oplus, \otimes)$	$M(\bullet, \oplus)$
运算规则	$b_j = \overset{n}{\underset{i=1}{\vee}} (a_i \vee r_{ij})$	$b_j = \overset{n}{\underset{i=1}{\vee}} (a_i \bullet r_{ij})$	$b_j = \overset{n}{\underset{i=1}{\oplus}} (a_i \otimes r_{ij})$	$b_j = \overset{n}{\underset{i=1}{\sum}} a_i r_{ij}$
类型	主因素突出型	主因素突出型	非均衡平均型	加权平均型
信息利用程度	不充分	不充分	比较充分	充分
体现权数作用	不明显	明显	不明显	明显
综合程度	弱	弱	强	强

上述描述的4种模糊算子的计算方式略有差异，有其各自适用的范围。其中，主因素突出型模糊算子重点考察主要影响因素，淘汰了过多因素的影响而致使这一类型模糊算子的计算结果的精确性较低，不利于实际问题的刻画；非均衡平均型模糊算子在应用时要满足 $a_i + r_{ij} \geqslant 1$ 才能进行评判。加权平均型模糊算子是根据不同元素的权重大小进行综合评价，因素集中各因子是相互独立的，结果能够相对系统地对评价对象的特征加以考量，对整体指标的调整与衡量契合度更高。本书的研究情境中，要对制造企业服务创新内部因素指标情况逐一考察，而且还需要系统性地对每一个独立评价指标加以考量，鉴于此，加权平均型更适用于研究实际。

7.3.4　模糊综合评价关系计算

依据制造企业服务创新发展水平指标评价的因素集，能够得出不同层次的一级模糊评价矩阵：

$$R_i = \begin{bmatrix} r_{11} & r_{12} & \cdots & r_{1m} \\ r_{21} & r_{22} & \cdots & r_{2m} \\ \vdots & \vdots & \ddots & \vdots \\ r_{n1} & r_{n2} & \cdots & r_{nm} \end{bmatrix} \qquad (7-8)$$

根据确定的指标权重的计算方法，能够得出一级模糊综合评价的因素权重集：

$$A_i = (a_{i1}, a_{i2}, \cdots, a_{in}) \qquad (7-9)$$

其中，$i=1$，2，3，…，24；$n=i+1$。

评价结果根据下述公式加以计算，通过对二级因素集中对应的各个因素加权平均得出：

$$B_i = A \circ R_i = (b_{i1}, b_{i2}, \cdots, b_{in}) \qquad (7-10)$$

结果说明评价对象在有关评价集中不同级别评语的隶属程度，根据上述计算将指标进行排列，得到最优指标，依照指标隶属度进而确定制造企业服务创新的等级。

7.3.5 证据理论

证据理论是将专家评语以模糊评语集的方式加以呈现，将未知性且以概率方式呈现的评价对象特征集加以融合研究的方法。本节基于过往研究，结合证据可信度和证据确定性的概念，给出了证据有效性的定义和度量方法，对证据理论进行改进，进一步提高了该方法的稳定性。

定义 1 设识别框架 Θ 下存在 n 个证据，分别表示为 m_1，m_2，…，m_n，第 i 个证据的相对可信度可表示为：

$$Crd(m_i) = \frac{Sup(m_i)}{\max\limits_{1 \leqslant j \leqslant n} [Sup(m_j)]} \qquad (7-11)$$

其中，$Sup(m_i)$ 表示第 i 个证据的被支持程度，通过熵理论，能够对证据的可信度进一步度量。

定义 2 设识别框架 Θ 下存在 $m(A)$ 是某证据 m 的可信度分配函数，$|\Theta| = N$，$2^\Theta = \{A_1, A_2, \cdots, A_{2N}\}$，那么从证据 m 处获取的信息相对确定性可表示为：

$$Crd(m) = 1 - \frac{H(m)}{|H(m)|} \qquad (7-12)$$

其中，$H(m)$ 表示衡量证据 m 所包含的信息不确定性时的信息熵；$|H(m)|$ 表示信息完全不确定时的信息熵。若想得到证据合成后达到良好的效用，至少需要满足：证据合成的可信度高，足以使决策者信服；或是证据合成的确定性强，以支撑决策者明确识别目标。因此，引出了相对可信度和相对确定性的概念。

证据效用的判断条件总结见表7-4。

表7-4   证据效用的判断条件

序号	条件	证据效用
1	$0 \leqslant Crd(m_i) \leqslant 1$，$Ut_i(m_i)=0$	完全无效
2	$0 \leqslant Crd(m_i) \leqslant 1$，$Ut_i(m_i)=1$	绝对有效
3	$Crd(m_i)=0$，$Ut_i(m_i)=0$	证据完全不可信时，完全无效
4	$Crd(m_i)=0$，$Ut_i(m_i) \neq 0$	不确定优于未知

定义3 根据证据 m_i 的相对可信度和相对确定性，得到其效用 $Ut_i(m_i)$ 和相对有效性 $Eff(m_i)$，证据的效用由其可信度和确定性联合决定：

$$Ut_i(m_i) = Crd(m_i)^{cer(m_i)-1} \qquad (7-13)$$

$$Eff(m_i) = \frac{Ut_i}{\max\limits_{1 \leqslant j \leqslant n}\left[Ut_i(m_i)\right]} \qquad (7-14)$$

在此基础上，对原始证据模型加以改进：

$$m_i{'}(A) = \begin{cases} Eff(m_i) \cdot m_i(A), A \neq \Theta \\ 1 - \sum\limits_{B \subset \Theta} Eff(m_i) \cdot m_i(B), A \neq \Theta \end{cases} \qquad (7-15)$$

利用证据效用值对证据冲突分配权重 $w(A, m)$：

$$w(A,m) = \sum_{i=1}^{n} Ut_i(m_i) \Big/ \sum_{j=1}^{n} Ut_i(m_i) \cdot m_i(A) \qquad (7-16)$$

定义4 设识别框架 Θ 下存在 n 个证据 m_1，m_2，…，m_n，证据合成法则为：

$$(m_1 \oplus m_2 \oplus \cdots m_n)A = \begin{cases} 0, A = \Phi \\ \sum_{A_1 \cap \cdots \cap A_n = \Phi} m_i(A_i) + K'w(A, m), A \neq \Phi \end{cases} \tag{7-17}$$

其中，$K = \sum_{A_1 \cap \cdots \cap A_n = \Phi} m_i(A_i)$。依照信度函数最大化原则，确定评价结果。

7.4 实证分析

7.4.1 评价样本选取与概况

关于制造企业研究样本的选择需满足：（1）制造企业是业内的典型且代表性强。如果样本的选取不满足制造企业代表性强这一条件，选取了相对规模小并且业务品类少的企业作为研究样本，将有大概率数据不精确的问题。（2）制造企业已经开展服务创新活动，其业务模式向服务型制造转型。若所选企业没有开展服务创新活动，则进行评价分析时，会有一定概率的偏差，使结果的准确性降低。（3）严格把握制造企业数据的可获取性。鉴于此，研究选取海尔集团作为实证研究样本企业。

我国20世纪末家电行业一度处于下滑阶段，存在创新能力薄弱、竞争压力巨大且利润空间狭小等诸多致命问题，而海尔集团在这一阶段迅速开展了战略转型。30年的励精图治，海尔集团逐渐确立了竞争优势，将服务化理念融入实践中，有效开拓新的服务范畴，以填补行业空白。

海尔集团的转型已经成为业内典范：自1984年单一冰箱门类销售扩展至拥有多元化产品门类的产品群；2004年世界销售额达到1 000亿元，连续多年占据中国最具价值品牌首位；截至2017年海尔集团在世界拥有10个研发平台，21个工业园，66个营销中心，世界员工数量达到73 000人。海尔集团的发展有两次重要的转型：一是由传统商业模式转型至人单合一双赢模式；二是由传统制造业转型至服务型制造业。海尔集团从实施服务化战略开始，企业营业额得到大幅度提升，跻身全球百强企业，与此同时获得了白色家电品牌冠军以及消费者最喜爱品牌等诸多奖项。海尔集团积极响应和实施节能减排号召和国家"双碳"目标，大力推进绿色生态，倡导绿色生活的理念。1994年，海尔集团于世界地球日展会上推出一款超级无氟冰箱，它是会场上唯一源自发展中国家的环保产品；2009年，全面实施"人单合一"的发展模式，以"U-Home"平台作为依托建设客户全过程体验一站式服务，代表着海尔集团真正进入了服务化转型衍生阶段；2011年，海尔集团开创性地提出了"绿色研发、绿色生产、绿色运营、绿色回收"的品牌理念，在产品研发、制造、运营和售后的各个阶段全面担负起社会责任，以大力建设绿色供应链。2017年开始海尔集团正式由"传统制造"转型至"服务创新"，告别以往单一制造生产模式，开启了重视服务和渠道的新纪元。

7.4.2 运用DSF评价模型的评价过程

由于制造企业服务创新发展水平评价模型中涵盖了与企业服务创新相关的24项定量和定性指标，其中定性指标无法通过公开数据直接获得，因此本研究采用结构熵权法进行评价。该部分研究聘请了15位在黑龙江省内制造企业任职的且与课题组保持长期合作关系的企业专家对海尔集团的服务创新发展水平进行评价打分，15位专家均具备3年以上技术研发或创新管理经验且熟悉制造企业服务创新活动流程，此专家组成员的选择与前面影响因素识别中所涉及的专家组成员的选择有所区别，以避免重复调研引起的思维固化。然后，本研究组向15位专家提供研究组收集和整理的企业服务创新资料，主要包括：海尔集团近5年公开发布的《企业环境报告书》、海尔集团近5年的财务报表、海尔集团官网发布的服务化转型相关资料、媒体对海尔集团服务创新发展水平的评价报道以及通过走访海尔集团工业园区等方式获得的访谈资料等。其中，5位专家基于对上述资料的分析整合，并结合其实践经验，按照结构熵权法进行"典型排序"，对海尔集团的服务创新发展水平加以评价并确定权重，10位专家采用访谈与问卷相结合的方式对二级指标进一步进行单因素评价。

研究根据表7-1构建的制造企业服务创新发展水平评价体系确定服

务创新评价的因素集，因素集是由评价对象产生影响的指标形成的集合，可以描述为：$X_i = \{X_1, X_2, \cdots, X_n\}$，其中，$X_i$（$i=1, 2, 3, \cdots, n$）表示评价对象的影响因素。根据研究情况和综合评价指标体系能够得出两层因素集：

第一层因素集表示为：

$X = \{X_1, X_2, X_3\}$ ={个体层面，企业层面，制度层面}

第二层因素集表示为：

$X_1 = \{X_{11}, X_{12}, X_{13}, X_{14}, X_{15}, X_{16}\}$

X_1={客户对服务创新的参与度，客户对新服务的满意度，客户对企业的忠诚度，供应商协调与沟通意识，供应商快速响应应变意识，供应商信息共享程度}

$X_2 = \{X_{201}, X_{202}, X_{203}, X_{204}, X_{205}, X_{206}, X_{207}, X_{208}, X_{209}, X_{210}, X_{211}, X_{212}\}$

X_2={知识理解能力，知识创新能力，知识传递效率，知识管理平台建设能力，知识特征识别能力，服务创新战略规划能力，新产品/服务应用水平，产品/服务自主创新水平，服务交付准确性，服务交付及时性，商标保护程度，知识产权防御水平}

$X_3 = \{X_{31}, X_{32}, X_{33}, X_{34}, X_{35}, X_{36}\}$

X_3={服务型制造政策支持力度，传统制造业污染监管力度，服务创新行业规范程度，服务创新行业消费者保护力度，服务创新竞争力水平，新产品/服务市场份额}

评语集是将评价指标体系中各个指标量化的方法之一，本研究将制造企业服务创新评价的优劣分为5个等级，每个等级分别对应五种程度的描述：

$F = \{f_1, f_2, f_3, f_4, f_5\} = \{好，较好，中，较差，差\}$

运用结构熵权法并根据式（7-3）、式（7-4）和式（7-5）计算制造企业服务创新发展水平的各个评价层级的指标权重，如表7-5至表7-8所示。

由表7-9可以看出，制造企业服务创新发展水平评价指标中，从准则层来看，企业层面因素对企业服务创新发展的影响最大，说明企业层面在企业服务创新发展中占据重要的地位，从一级指标来看，企业服务创新能力和客户导向对企业服务创新发展具有较大影响。

表7-5　　　　　　　　制造企业服务创新发展水平X一级指标权重

计算值	X_1	X_2	X_3
b_j	−0.658	−0.958	−0.675
M_j	−0.0915	−0.062	0.008
x_j	−0.719	−0.899	−0.656
权重 W	0.316	0.394	0.290

表7-6　　　　　　个体层面X_1和部分企业层面X_2的二级指标权重

计算值	X_{11}	X_{12}	X_{13}	X_{201}	X_{202}	X_{203}
专家1	4	5	2	1	6	3
专家2	3	1	6	2	4	4
专家3	1	3	4	2	5	6
专家4	2	1	6	5	4	3
专家5	1	2	4	3	5	6
b_j	−0.892	−0.862	−0.612	−0.846	−0.582	−0.616
M_j	−0.068	0.080	−0.027	0.064	0.048	0.024
x_j	−0.953	−0.793	−0.628	−0.792	−0.554	−0.601
η_j	0.221	0.184	0.145	0.183	0.128	0.139
权重 W	0.070	0.058	0.046	0.058	0.040	0.044

表7-7　　　　　　　　企业层面X_2的二级指标权重

计算值	X_{204}	X_{205}	X_{206}	X_{207}	X_{208}	X_{209}
b_j	−0.699	−0.327	−0.454	−0.753	−0.799	−0.836
M_j	0.005	−0.257	−0.061	0.118	0.028	0.0218

续表

计算值	X_{204}	X_{205}	X_{206}	X_{207}	X_{208}	X_{209}
x_j	-0.695	-0.411	-0.481	-0.664	-0.776	-0.817
η_j	0.083	0.049	0.057	0.079	0.092	0.097
权重 W	0.033	0.019	0.023	0.031	0.036	0.038
计算值	X_{210}	X_{211}	X_{212}	X_{213}	X_{214}	X_{215}
b_j	-0.749	-0.668	-0.842	-0.833	-0.808	-0.800
M_j	0.067	0.066	0.029	-0.016	0.010	0.045
x_j	-0.698	-0.624	-0.818	-0.847	-0.801	-0.764
η_j	0.083	0.074	0.097	0.101	0.095	0.091
权重 W	0.033	0.029	0.038	0.040	0.038	0.036

表7-8　　　　　　　　　　　制度层面 X_3 的二级指标权重

计算值	X_{31}	X_{32}	X_{33}	X_{34}	X_{35}	X_{36}
专家1	1	2	4	5	3	6
专家2	2	5	1	4	6	3
专家3	3	4	2	1	6	5
专家4	3	1	4	2	5	6
专家5	1	3	5	2	4	6
b_j	-0.915	-0.805	-0.782	-0.824	-0.563	-0.492
M_j	0.001	0.023	-0.001	0.041	-0.028	-0.099
x_j	-0.914	-0.787	-0.782	-0.790	-0.579	-0.541
η_j	0.208	0.179	0.178	0.180	0.132	0.123
权重 W	0.060	0.052	0.051	0.052	0.038	0.035

表7-9　　　　　制造企业服务创新发展水平评价指标权重

目标层	准则层	权重	一级指标	权重	二级指标	权重
制造企业服务创新发展水平	个体层面（X_1）	0.174	客户导向	0.174	客户对服务创新的参与度X_{11}	0.070
					客户对新服务的满意度X_{12}	0.058
					客户对企业的忠诚度X_{13}	0.046
	企业层面（X_2）	0.536	供应商协同	0.142	供应商协调与沟通意识X_{14}	0.058
					供应商快速响应应变意识X_{15}	0.040
					供应商信息共享程度X_{16}	0.044
			知识共创	0.075	知识理解能力X_{201}	0.033
					知识创新能力X_{202}	0.019
					知识传递效率X_{203}	0.023
			服务创新能力	0.319	知识管理平台建设能力X_{204}	0.031
					知识特征识别能力X_{205}	0.036
					服务创新战略规划能力X_{206}	0.038
					新产品/服务应用水平X_{207}	0.033
					产品/服务自主创新水平X_{208}	0.029
					服务交付准确性X_{209}	0.038
					服务交付及时性X_{210}	0.040
					商标保护程度X_{211}	0.038
					知识产权防御水平X_{212}	0.036
	制度层面（X_3）	0.290	规制压力	0.112	服务型制造政策支持力度X_{31}	0.060
					传统制造业污染监管力度X_{32}	0.052
			规范压力	0.103	服务创新行业规范程度X_{33}	0.051
					服务创新行业消费者保护力度X_{34}	0.052
			认知压力	0.073	服务创新竞争力水平X_{35}	0.038
					新产品/服务市场份额X_{36}	0.035

在确定模糊判断矩阵前，需向专家提供正确、有效且能反映海尔集团服务创新发展水平的相关数据，研究以指标体系中各个指标作为依据进行数据收集。针对不同的二级指标皆有与其对应的数据收集方式，二级指标不仅包括定性指标也包括以数据收集方式获取的定量指标。其中，定性指标的获取方式以调查问卷和深入访谈、实地调研为主；定量指标的获取方式以参照和借阅企业内部网络、数据及统计资料为主。由于企业部分资料是涉密的，因此不在文中给出原始数据。

邀请专家对制造企业服务创新发展水平开展单因素评价，经由深度访谈与问卷的结果收集、汇总和归纳，得到模糊判断矩阵。

$$R_1 = \begin{bmatrix} 0.2 & 0.4 & 0.2 & 0.2 & 0 \end{bmatrix}$$

$$R_2 = \begin{bmatrix} 0.5 & 0.3 & 0.1 & 0.1 & 0 \end{bmatrix}$$

$$R_3 = \begin{bmatrix} 0.5 & 0.4 & 0.1 & 0 & 0 \end{bmatrix}$$

$$R_4 = \begin{bmatrix} 0.1 & 0.4 & 0.4 & 0.1 & 0 \end{bmatrix}$$

$$R_5 = \begin{bmatrix} 0.6 & 0.2 & 0.1 & 0.1 & 0 \end{bmatrix}$$

$$R_6 = \begin{bmatrix} 0.3 & 0.4 & 0.2 & 0.1 & 0 \end{bmatrix}$$

$$R_7 = \begin{bmatrix} 0.1 & 0.5 & 0.2 & 0.1 & 0.1 \end{bmatrix}$$

$$R_8 = \begin{bmatrix} 0.2 & 0.3 & 0.4 & 0.1 & 0 \end{bmatrix}$$

$$R_9 = \begin{bmatrix} 0 & 0.4 & 0.2 & 0.2 & 0.2 \end{bmatrix}$$

$$R_{10} = \begin{bmatrix} 0.1 & 0.5 & 0.2 & 0.2 & 0 \end{bmatrix}$$

$$R_{11} = \begin{bmatrix} 0.3 & 0.4 & 0.3 & 0 & 0 \end{bmatrix}$$

$$R_{12} = \begin{bmatrix} 0 & 0.5 & 0.3 & 0.2 & 0 \end{bmatrix}$$

$$R_{13} = \begin{bmatrix} 0.3 & 0.6 & 0.1 & 0 & 0 \end{bmatrix}$$

$$R_{14} = \begin{bmatrix} 0.1 & 0.5 & 0.3 & 0.1 & 0 \end{bmatrix}$$

$$R_{15} = \begin{bmatrix} 0.3 & 0.5 & 0.2 & 0 & 0 \end{bmatrix}$$

$$R_{16} = \begin{bmatrix} 0.3 & 0.5 & 0.2 & 0 & 0 \end{bmatrix}$$

$$R_{17} = \begin{bmatrix} 0 & 0.3 & 0.4 & 0.2 & 0.1 \end{bmatrix}$$

$$R_{18} = \begin{bmatrix} 0 & 0.5 & 0.3 & 0.1 & 0.1 \end{bmatrix}$$

$$R_{19} = \begin{bmatrix} 0 & 0.4 & 0.3 & 0.2 & 0.1 \end{bmatrix}$$

$$R_{20} = \begin{bmatrix} 0 & 0.5 & 0.3 & 0.2 & 0 \end{bmatrix}$$

$$R_{21} = \begin{bmatrix} 0 & 0.4 & 0.4 & 0.1 & 0.1 \end{bmatrix}$$

$$R_{22} = \begin{bmatrix} 0 & 0.5 & 0.2 & 0.3 & 0 \end{bmatrix}$$

$R_{23} = \begin{bmatrix} 0.2 & 0.5 & 0.3 & 0 & 0 \end{bmatrix}$

$R_{24} = \begin{bmatrix} 0.3 & 0.5 & 0.2 & 0 & 0 \end{bmatrix}$

整合上述矩阵，得到整体模糊关系矩阵 $F.M$，本书选用模糊评价算子 $M(\bullet, \oplus)$，适用于兼顾考虑整体因素的综合评价。根据计算公式 $B = W \cdot F.M$，能够得出模糊评价结果 B：

$$B = W \cdot F.M = \begin{bmatrix} 0.070 \\ 0.058 \\ 0.046 \\ 0.058 \\ 0.040 \\ 0.044 \\ 0.033 \\ 0.019 \\ 0.023 \\ 0.031 \\ 0.036 \\ 0.038 \\ 0.033 \\ 0.029 \\ 0.038 \\ 0.040 \\ 0.038 \\ 0.036 \\ 0.060 \\ 0.052 \\ 0.051 \\ 0.052 \\ 0.038 \\ 0.035 \end{bmatrix}^T \begin{bmatrix} 0.2 & 0.4 & 0.2 & 0.2 & 0 \\ 0.5 & 0.3 & 0.1 & 0.1 & 0 \\ 0.5 & 0.4 & 0.1 & 0 & 0 \\ 0.1 & 0.4 & 0.4 & 0.1 & 0 \\ 0.6 & 0.2 & 0.1 & 0.1 & 0 \\ 0.3 & 0.4 & 0.2 & 0.1 & 0 \\ 0.1 & 0.5 & 0.2 & 0.1 & 0.1 \\ 0.2 & 0.3 & 0.4 & 0.1 & 0 \\ 0 & 0.4 & 0.2 & 0.2 & 0.2 \\ 0.1 & 0.5 & 0.2 & 0.2 & 0 \\ 0.3 & 0.4 & 0.3 & 0 & 0 \\ 0 & 0.5 & 0.3 & 0.2 & 0 \\ 0.3 & 0.6 & 0.1 & 0 & 0 \\ 0.1 & 0.5 & 0.3 & 0.1 & 0 \\ 0.3 & 0.5 & 0.2 & 0 & 0 \\ 0.3 & 0.5 & 0.2 & 0 & 0 \\ 0 & 0.3 & 0.4 & 0.2 & 0.1 \\ 0 & 0.5 & 0.3 & 0.2 & 0.1 \\ 0 & 0.4 & 0.3 & 0.2 & 0.1 \\ 0 & 0.5 & 0.3 & 0.2 & 0 \\ 0 & 0.4 & 0.4 & 0.1 & 0.1 \\ 0 & 0.5 & 0.2 & 0.3 & 0 \\ 0.2 & 0.5 & 0.3 & 0 & 0 \\ 0.3 & 0.5 & 0.2 & 0 & 0 \end{bmatrix}$$

应用 Matlab 软件进行运算，得出模糊评价结果 B：

$B = [0.1813, 0.4035, 0.242, 0.1184, 0.0264]$

根据隶属度最大原则，其中 B 最大的元素值为 0.4035，说明海尔集团的服务创新发展水平处于中等偏上的水平，仍有进一步提升的空间。

进一步根据合成法则合成信度函数，得到：

$1 - K = \sum m_1(A_1) m_2(A_2) m_3(A_3) = 0.00032$

$(m_1 \oplus m_2 \oplus m_3)(A_1) = 0.2162$

$(m_1 \oplus m_2 \oplus m_3)(A_2) = 0.4834$

$(m_1 \oplus m_2 \oplus m_3)(A_1) = 0.0917$

遵循信度函数最大化原则，对服务创新三个层面进行综合排序为：企业层面>个体层面>制度层面。

7.4.3 评价结果分析

通过对海尔集团服务创新的评价，我们能够发现企业在开展服务创新活动时实施效果较好的因素以及实施效果不理想的因素，发现企业服务创新发展阶段的欠缺所在，而企业服务创新的实施效果可以通过指标评价体系中的某些评价指标来体现。了解了这些欠缺的环节，便于今后采取措施有针对性地促进企业服务创新发展。

7.4.3.1 整体分析

从整体来看，企业服务创新模糊综合评价结果 $B=$ [0.1813，0.4035，0.242，0.1184，0.0264]，整体水平处于中等偏上的状态，但仍有很大的提升空间。服务创新三个层面指标的信度函数值由大到小依次为企业层面指标（0.4834）、个体层面指标（0.2162）和制度层面指标（0.0917），说明三个层面指标对企业服务创新发展均有其作用。其中，企业层面的数值最大，反映出企业开展服务化转型意识和服务创新能力等方面对促进企业服务创新发展有重要的作用；而制度层面得分最低，也反映出政府对企业开展服务创新的支持程度方面仍需要进一步加强。

7.4.3.2 各层面分析

（1）个体层面

客户参与程度较高。在海尔集团服务创新发展水平评价中，个体层面客户对服务创新参与度指标权重相对较高（0.070），这说明了海尔集团在开展服务创新过程中充分发挥了客户资源优势，客户更加积极参与企业的研发、销售和售后等多个环节，对企业服务创新的提升发挥了积极的推动作用，建议在其他企业中加以推广。

（2）企业层面

第一，供应商应变意识和信息共享程度相对薄弱。海尔集团服务创新发展水平评价中个体层面供应商响应应变意识指标权重（0.040）和供应商的信息共享程度（0.044）相对较差。这说明了企业与上下游合作单位之间的联系相对稀疏，未能充分发挥供应商在企业服务创新过程中的积极效用，与供应商之间的信息共享程度差，直接导致信息接收反馈渠道不畅，阻碍企业服务创新的发展。

第二，对知识的把握需要引起重视。海尔集团服务创新发展水平评价中企业层面知识创新能力指标权重仅为0.019，而知识理解能力和知识传递效率也不理想，这说明了虽然客户积极参加企业的服务创新全过程，并且企业拥有丰富的客户知识，但企业在客户知识的获取、转化和创造能力方面十分欠缺，无法将积极的客户知识转化为企业行之有效的创新资源，严重阻碍了企业进一步服务创新活动的开展。

第三，服务交付能力较强。海尔集团服务创新发展水平评价中企业层面服务交付的准确性和及时性相对较高，说明了企业整体工作效率和水平较高，能够及时准确地对所承诺的服务/产品进行交付，这有力地说明了企业流水生产线和员工的管理水平值得肯定。

第四，研发能力和知识产权保护水平亟待提升。知识管理平台建设能力为0.031，说明企业进行服务创新前期注重知识的收集和利用，而忽略了建立能够整合且循环利用企业全部知识资源的管理平台，导致知识的一次性使用，产生了额外的人力财力成本和大量的资源浪费。企业产品/服务自主创新水平相对低下，说明了企业缺乏核心竞争力，普遍存在重视进口而轻视转化、注重模仿而忽略创新的困窘局面。知识产权防御水平不高，体现了企业对知识产权的重视程度低，从员工到高管知识产权保护意识欠缺，企业缺乏关于知识产权保护的整体性保护措施和管理办法。

（3）制度层面

第一，欠缺行之有效的政策引导。海尔集团服务创新发展水平评价中制度层面服务型制造政策支持力度和传统制造业污染监管力度指标权重分别为0.060和0.052，虽然在制度层面相对较高，但综观整个体系，其得分仍处于中等偏下的地位。这说明尽管政府出台了一系列的制造业转型升级政策和环保法规，但由于存在难以监管且监管和处罚力度不大等现实因素，使得多数企业仍坚持传统的粗放制造模式，得过且过，导致在一定程度上阻碍了部分企业开展服务创新的积极性。此外，尽管

"中国制造 2025" 政策对制造企业服务转型和产业结构升级具有一定的刺激和激励作用，但现阶段相关的配套补贴等支持政策效果仍不明显，对于服务创新的政策支持力度与发达国家仍存在一定差距。

第二，行业标准需要进一步完善。海尔集团服务创新发展水平评价中制度层面服务创新行业规范程度相对较低，说明了目前行业内开展服务创新的企业尚属少数，多数处于服务转型的企业也尚在投石问路的摸索阶段，整个行业未实行统一标准，机制尚不健全。消费者保护力度不够，说明企业在积极推动客户参与企业服务创新时，并未严格履行对客户隐私及相关信息的监管和保护职责，导致客户存在权益受到侵害的风险。

第三，市场需求欠缺。海尔集团服务创新发展水平评价中制度层面新产品/服务市场份额指标权重仅为 0.035，说明我国对服务创新市场中新产品/服务的需求相对匮乏。由于受到我国现代化水平的制约，新兴服务/产品可能缺乏价格优势，这导致市场需求不足，习惯传统消费的社会公众一时间难以转变消费习惯。服务创新竞争力水平低，一方面反映出目前国家和企业对于相关产品/服务的宣传力度不足，另一方面也反映出企业对于市场的反应能力相对较差。

7.5　本章小结

本章基于前面对"双碳"目标下服务创新影响因素的研究结论，遵循发展水平评价指标体系构建原则和设计思路，在扎根理论的基础上构建了适用于制造企业服务创新发展水平评价的指标体系。然后，本章构建了一种全新的 DSF 综合评价方法，并通过对海尔集团实证分析验证了该评价模型所提方法的适用性和可操作性，结合对海尔集团的评价分析结果，找出约束企业服务创新发展的欠缺环节，进而为第 8 章提出的对策建议提供实证依据。

8 促进制造企业服务创新发展的
对策建议

　　我们对"双碳"目标下制造企业服务创新的影响因素识别、影响机理、演化机理和发展水平评价的研究成果表明，制造企业服务创新发展是一项纷繁复杂且十分庞大的系统工程，既依赖于企业自身的主观能动性，也依赖于政府的监管和宏观调控以及社会公众的响应与支持。制造企业服务创新发展需要以客户支持为导向，以企业的服务创新能力、知识共创以及供应商的通力合作为基础，以政府法律约束与政策扶持为风向标，以社会公众环保意识为行动保障，通过社会各界相互协作、配合共同为推进制造企业服务创新发展尽绵薄之力。鉴于此，本章在前面研究的基础上，从个体层面、企业层面和制度层面提出"双碳"目标下促进制造企业服务创新发展的对策和建议，以期为我国制造企业服务创新发展提供理论基础和行动指南，为碳达峰与碳中和目标的实现以及促进我国制造业转型升级，加快我国制造业向高端化迈进的步伐。

8.1 促进制造企业服务创新发展的个体层面对策建议

结合第5章的研究成果我们知道，客户导向的两个维度对服务创新的影响具有差异性。这提醒企业的管理人员在实践过程中要甄别不同客户的创新任务和个体差异，以激发客户的创新行为。其一，培育发展开放式创新组织模式，推动企业服务创新过程中数字化与网络化工具的使用，加快客户深化参与、产业链联袂交互的崭新服务创新体系的步伐，实现直接客户导向。其二，加快发展服务创新模式，加大力度对通过互联网开展规模化差异定制、云平台制造等崭新服务创新形式的开拓，促进优化并建立以消费者偏好为导向的产品生产、服务设计的全新模式，实现间接客户导向。

8.1.1 培养客户参与服务创新意识，积极挖掘客户价值

由第5章多元回归分析可知，制造企业与客户主体间关系的良性互动和密切耦合对于制造企业服务创新有显著的促进作用，由第6章演化机理可知，客户对服务创新的支持力度增加能够有效推动企业向服务创新方向演化。近年来，随着互联网和开放式创新的普及，企业为客户参与服务创新提供了广阔的平台，客户的创新激情和能力呈现出相当多元化的能量和价值，企业在进行服务创新阶段对客户的依赖程度也不断加大。但是现阶段我国制造企业服务创新相对落后，开展服务创新的企业也相对匮乏，制造企业要充分调动客户群体的智慧，为客户参与企业价值创造提供平台，加深制造企业服务创新的程度，以促进制造企业服务创新发展。

拓宽客户参与的广度。第5章回归模型验证了直接客户导向对服务创新有显著的正向影响。客户参与服务创新是一种平台化、网络化、社交化等多元化耦合创新和价值创造过程，客户在企业服务创新阶段参与到不同层面的服务创新活动时，能够帮助企业获取新知识并开阔视野。其一，让客户在参与企业服务创新过程中得到物质、心理或某些实质性收益，对鼓励客户参与服务创新具有正向影响，建议企业为参加相关企

业活动的客户发放减免券或小礼物等以吸引顾客。其二，通过扩展客户活动的多样性和灵活性以激发客户的参与热情，差异化开展针对客户不同年龄、职业和需求的新服务体验，使每一位客户能够在个性化的服务体验中有所收获。而对于企业而言，客户广泛参与企业服务创新活动，对企业采集客户知识以转化为服务创新具有直接的帮助，且对客户与企业之间合作创新的质量也有促进作用。

8.1.2　加强客户参与服务创新深度，提升企业创新水平

由第4章实证研究可知，间接客户导向对服务创新有显著的正向影响，但通过第7章对海尔集团的服务创新发展水平评价可知，海尔集团属于我国服务创新的先驱企业，虽然客户参与程度（0.070）体现出较好的态势，但仍需加深客户参与的程度和强度。由于不同客户主体间存在个体差异，因而不同客户对企业服务创新的贡献程度也必将有所不同。其一，加强与客户的联系沟通，让客户参与企业服务创新的全过程，实时获取有关企业产品或服务的相关建议，以降低设计研发阶段的未知性与风险性，提高新产品或服务设计的满意度与投入市场的推广度。其二，充分利用相关领域专家、用户、社区等途径，服务创新需要密切结合市场动态与客户偏好，让客户需求嵌入产品的开发流程当中，进而挖掘参与的深度。其三，企业需要确立并构建详细的操作方法和流程来获得客户价值，建议在开展客户访谈阶段尽可能使用开放性问项，引导客户主动对目前需求和形势加以阐述，切忌将自身主观想法灌输给客户，影响其判断，有倾向地漏掉原始客户偏好，实地调研阶段建议指派一名工作人员额外观察和取得客户的情绪和态度数据。客户深度参与服务创新能够再次凸显客户在企业创新中的重要地位，也有助于企业价值的创造与服务创新的促进。

由第6章仿真分析可知，客户参与服务创新阶段获得心理效用，会强化该项活动在客户心中的预期。在客户参与企业服务创新阶段，企业与客户会持续开展互动，客户在投入更多时间、价值和精力的过程中加大了参与强度。强度主要描绘客户对服务创新活动所投入的时间、价值和精力多少等。其一，建议企业员工在客户参与阶段给予其细致入微的

讲解与体贴专一的服务，同客户建立密切联系，以增强客户的信任度，激发客户参与新服务的热情。其二，建议企业设置专属客户服务业务，收集客户对新服务的肯定与否定意见，持续面向客户偏好和感知，强化和改善新服务。建议在新服务设计的不同时期选拔优质客户或消费金额较大的客户群体，以面对面交流的方式得到最具直接性的客户资源，以扩展企业客户资源数据库。其三，鼓励客户自主创新，使客户开展自主创新行为更具多样化，建议以鼓励参与创新的方式激励客户创新，以强化创新质量和效率。让客户参与新服务设计研发的不同阶段以强化客户的自主创新行为，激发客户有更多的自主创新行为，客户参与企业服务创新的强度因此就越强，对服务创新活动存在的未知性有控制作用，也有益于服务创新的促进。

8.2 促进制造企业服务创新发展的企业层面对策建议

8.2.1 强化与供应商协力攻关意识，降低企业创新风险

由第5章的回归分析可知，供应商协同对客户导向和服务创新具有正向调节作用。也就是说，供应商协同水平越高，对服务创新的促进作用就越强，但第7章对海尔集团的实证评价发现，其供应商应变意识和信息共享程度十分薄弱。然而与供应商通力合作是企业进行创新的重要方法，应在今后着重发展和关注，建议由骨干企业或行业协会组成产业联盟，行业间协力攻关，成果共享，具体对策如下：

其一，激励在线服务的拓展，积极拓宽制造企业服务化产业升级的典型示范工作，拓展关于客户偏好的服务或产品的源头管控、基于互联网终端的系统监管、服务全系列过程的把关等崭新互联网服务业态。从管理的角度看，服务创新通常被别人抄袭，服务化转型企业无论在技术能力方面还是在社会关系（客户、供应商等）方面需要更多不可替代的资源。

其二，建议和供应商之间保持稳定持续的技术合作模式，高度关注新的市场动态，加强与供应商协同合作，加深企业和供应商之间的技术

契合程度。随着技术的发展、技术繁复性增大加之日益普遍化的信息技术，企业开展服务创新的前期成本和相关风险进一步提升，供应商融入企业新服务/项目设计研发阶段，有助于与企业建立稳定健康的合作关系，进而晋升为战略联盟成员。随着供应商不断融入企业的经营发展，以及企业的增值与竞争地位攀升，供应商和企业最终将实现协同并共享利益。

其三，建议企业与供应商之间协同共担创新投入与风险。研发投入节节攀升以及技术更迭的迅速化导致多数处于转型初期的企业难以承受创新风险或持续处于被动状态。研究表明，如果企业在产品/服务的研发阶段就开始节约成本，其效果要比投入市场之后压缩成本更为高效。因此，建议供应商承包企业外围服务与非核心技术，帮助企业共摊经营与创新成本，联袂共建战略联盟。

其四，建议企业充分利用供应商的技术研发优势。供应商共同研究创新的另外一个优势是能利用供应商的创新技术，这一优势对未来产品/服务的创新活动具有特殊的重要意义，其影响是战略性的。供应商一般都有让自身创新脱颖而出并将其付诸实践的能力，供应商的高效且实际的参与可以提高创新的速度和效率，而且能够使供应商与制造商之间的技术交流与法律法规约束更具透视性。服务创新有了供应商的参与，也能够使企业获得具体解决方案的优化与发展更直观的效果反馈，让企业对自身的服务创新更具把控力。

8.2.2　培育制造企业服务创新能力，扩大企业竞争优势

基于第5章的实证分析，企业服务创新能力的不同维度对客户导向与制造企业服务创新之间有不同程度的调节作用，对服务创新有显著的促进作用。由第6章的演化结果可知，企业是否实施服务创新与个体因素和制度因素均密切相关。目前我国制造业仍处于自主创新基础薄弱阶段，服务创新能力作为制造企业服务创新提升的不可或缺性资源，对企业服务创新的开展极为重要。

培育和提升制造企业知识获取能力。由第7章评价部分可知，企业知识获取能力是服务创新发展的薄弱环节，需要引起重视。由于产品和

服务特性上的差异，企业以往在产品范畴内已存在的创新知识不能帮助企业完成服务创新，若企业仅仅继续依靠该部分资源，很可能陷入创新黑洞中。在制造企业服务化转型过程中，企业需要克服自身知识局限，跨越创新壁垒，尝试获取新知识，进而提高服务创新效率。其一，建议政府积极推进制造企业的产学研合作创新，制定各级地方制造企业服务创新产学研合作激励政策，以项目为依托，加强政策引导，降低制造企业与高校、科研机构之间的信息不对称性，提高合作创新效率。其二，建议企业管理者秉持对外开放、海纳百川的理念，把客户、高等院校、供应商以及研究所等外界资源均收至自身服务创新体系麾下，跨越组织边界，多方沟通，在此过程中解决各自的问题，取其精华去其糟粕，扬长避短，持续采纳外部知识且融入自身资源，这样有利于企业获取互补性知识，并将该部分知识纳入企业知识结构中，以扩大知识利用价值，稳定扩展内部创新资源，提高服务创新效率。其三，企业也可以通过技术购买的方式直接获取所需要的知识，这是一种利弊兼顾的方式。其优势在于能够使企业将能力和创新资源用于核心的服务创新竞争，这种方式在很大程度上解决了企业依靠自身技术开展服务创新的瓶颈问题，运用相关服务知识拓展企业服务创新图鉴，提高服务创新能力。

培育和提升制造企业技术研发能力。技术研发能力是制造企业参与市场竞争的核心能力。它不仅能为企业带来竞争优势，也能为企业提供价值扩张的核心知识。在制造企业开展服务型创新过程中，高规格的产品是首要因素，企业产品相关的技术研发能力是企业的基础能力，与企业服务相关的技术研发能力是开展服务创新的保障。然而我国大多数制造企业在研发方面能力十分薄弱，因此在企业开展服务创新过程中，需要注意以下方面：其一，建议扩大企业技术研发方面的投资力度，只有企业具有高水平的技术能力，才能进一步提供"产品＋服务"的新型模式。企业首先需要强化产品研发、服务设计等方面的能力，借助高端人才引进等方式提高企业创新水平，加强对核心技术产生新的纪元的开拓以提升产品体验性能。此外，要对制造研发技术的实力进行更多的资金支持。目前我国的制造行业面临产品质量低下、资源的利用效能不高等亟待解决的问题。若企业欲在制造业的服务化进程中成为乘风破浪的弄潮儿，一定要重视对制造技术能力的持续精进与发展。领先的制造技术能对企业的自主创新能力有促进的作用，对企业生产效率的提高与产品质量的精进都有着不可或缺的正向促进作用，从而促使企业向高端化迈进，使我国在全球制造业中的地位更上一层楼。其二，对信息技术的探索与对制造技术的创新研究并使二者有机结合对制造企业转型为服务企业至关重要。信息技术包含云计算、物联网、互联网等，制造企业对信息技术的应用可以对其产品的研发技术创新能力与生产制造能力起到提升作用。

培育和提升制造企业服务交付能力。由第7章对海尔集团的评价可知其服务交付能力相对较好，它对处于实施服务创新初期的企业来说需要引起重视。服务交付能力为企业服务提供了基础，企业间的竞争已逐渐由产品的竞争转变为服务的竞争，同类产品的竞争界限越来越模糊。具有很强服务交付能力的企业会不断改进技术服务流程和效率，为客户提供更好的优质新服务，以防止客户转向竞争对手。因此，我们期望一个具有强大技术服务资本的制造企业能够塑造员工的态度和行为，以优化服务交付流程，实现服务创新的成功。其一，建议强化企业供给侧管理，重视产品和服务的交付体验，持续优化供给能力和供给体系的创新，强调使用过程中的服务供给。其二，建议引领客户完成规范化和精准化发包，以避免企业间为争抢客户形成恶性竞争，净化市场环境。其三，建议通过平台对研发运营进行统一管理，对从设计研发、投入生产到运营的各个环节、全系列过程加以规范，以同时提升服务交付质量和数量。

培育和提升制造企业知识产权保护能力。第7章评价发现，当前企业对知识产权保护的认识十分有限。服务创新不仅能改进和变革服务流程及方式，不断提高服务质量和效率，扩大服务范围，更新服务内容，还能创造新的价值。然而，服务自身的无形性导致服务创新很容易被竞争者模仿，使得创新者难以从中获取既得利益，从而影响其创新积极性，而传统方式仅通过申请专利的防护方式难以切实地对服务创新进行有效保护。给出相关建议如下：其一，建议政府部门加强服务创新知识产权保护方面的立法工作，加强对侵权案件的执法力度，进一步完善相关领域的法律法规。其二，我国多数传统企业知识产权保护意识十分薄弱，建议政府加大知识产权保护的宣传力度，提高企业知识产权保护意识，协助企业建立知识产权保护体系，加快知识产权维权的进程和便捷化。其三，建议政府简化知识产权的审批程序，提高审批效率和速度，从而降低企业知识产权保护成本。其四，建议企业内部定期开展服务创新知识产权保护培训，提高包括高层领导等管理人员以及企业内每一名基层员工的知识产权意识，切实加强知识产权保护方面的管理工作。

8.2.3　完善制造企业知识共创机制，促进创新合作交流

知识共创是提高企业服务创新的有效途径，由第5章研究发现，其在客户导向与服务创新之间发挥着关键的传递作用，而通过第7章评价发现，企业对内外部知识的理解能力属于薄弱环节，制造企业服务创新是知识复杂交织的结果，企业同外部利益相关者产生合作的阶段需要格外关注如何通过这一阶段获取更多新资源。因此，要树立企业创新引领观，企业与创新成员之间的知识共创是服务创新的推动力，为强化制造企业知识共创机制以推进创新合作交流，需要从以下几个方面考察：

其一，建议企业管理人员在实践过程中着重强调与外部利益相关者共同搭建知识管理平台，以突破限制企业创新的知识壁垒，给予利益相关者丰富和广泛的互动空间。要强化客户对主动创造知识的意愿和能力，企业也要引导客户进行知识创新，增强自身知识管理能力。全面开展以客户为中心的创新型服务模式，积极促进企业拓展高端化业务、"互联网＋"供应链数据探索，开展租赁融资、供应链金融等全新业态的尝试。通过定期组织品牌活动等方式，培养客户对企业的认同感和忠诚度，有意识地对客户进行差异化分类，高效取得具有差异性和多样性的客户资源，有效增加企业知识存量，建立完善的知识管理部门，有效提高知识转化能力，提高企业服务创新效率。其二，建议将知识共创路径标准化。企业在充分考虑了服务创新知识具有无形性和丰富性等特点的基础上，必须对知识共创的路径进一步加以规

范，使其既能够进行知识创造，也能规避甚至消除与其他利益相关者之间的知识共创壁垒。企业需要在开展创新之前设置具有一定标准的准则，在知识传递路径上采用经过标准化的文件或数据，以提高知识创造的质量且能够追溯到知识创造的源头。其三，建议制造企业重视对知识获取的后期处理作用。多数创新知识在获取之初无法被有效识别，需要经过后期的处理和归纳方得以呈现。也就是说，知识获取能力不仅包括前期获取能力，而且知识获取的后期处理能力也十分重要，经过对知识的后期处理，可以确保创新过程中的知识更加深入、全面和准确得以体现，有助于外部知识流入，盘活制造企业内部沉睡的资源，同时有利于提高企业自身的研发能力，形成提升服务创新效率的内驱力。

8.3 促进制造企业服务创新发展的制度层面对策建议

8.3.1 制定完善服务创新政策体系，规制服务创新环境

加快建设创新型国家是解决我国新时代矛盾的必然选择，制造企业服务化转型发展离不开完备的服务创新政策作为保障支撑，规范的政策制度将是推动制造企业开展服务创新、提升服务创新能力的必经之路。由第5章分析可知，规制压力（激励政策规制、强制政策规制）对服务创新有显著的正向作用，且第6章演化过程的分析也表明，政府给予相应的补贴与政策支持能够促进企业向服务创新的方向演化。我国相继出台了许多针对技术创新的政策，但服务创新始终没有得到应有的重视，与第7章研究结果一致，虽然制度压力相对数值较高，但整体来看仍处于中等偏下的地位，需要进一步完善政策支撑体系，营造良好的制度环境，以促进我国制造企业的转型升级。

建议政府强化制造企业服务创新各项补贴力度和政策扶持力度。其一，国家应尽快出台相关指导意见，指导各地区政府构建一批低投入、全要素、便捷化、开放式的"万众创新"平台，充分释放公众参与服务创新的巨大潜能。其二，建议政府出台相应的财政、税收、土

地及金融信贷等方面的扶持政策，对可持续发展的新兴产业、创新模式、新业态等加大补贴力度，利用现有渠道大力支持制造企业服务创新的发展，大力支持金融机构提供适用于服务创新企业的金融及相关衍生服务，为制造企业创造更多的盈利机会。其三，建议政府多借鉴发达国家的先进经验，如创建知识密集型服务创新平台、建立服务创新研究所、支持服务产品扩散等，支持社会资本流入制造企业服务创新阵营当中，建立合理有效的风险共担方案，加快我国服务创新发展的步伐。其四，建议政府强化企业知识产权保护力度，设置完善的知识产权风险调控和预警方案，全面搭建知识产权交易及服务平台。增强理论联系以逐渐扩大调研统计范畴，积极实施服务型制造企业考量规范并制定与推广评价体系。

建议政府完善制造与服务协同发展的政策体系。其一，建议政府重视制造服务创新行动，促进制造企业碳减排，着重推进各个试点，扶持与引领企业逐渐将单纯供给设备转化为系统集成服务，将单纯提供产品转化为提供整体解决方案。其二，建议积极支持制造企业向大力开展服务环节和重组业务流程等新兴产业模式转变，着力推进差异化定制服务、"互联网＋"定位营销、全流程管理服务和整体解决方案、供应链管理、服务外包等业态。其三，建议支持典型制造企业利用竞争优势，以业务流程再造等方式为全行业乃至全社会提供更加专业化的服务。

建议政府采取措施降低对企业的调控成本，以提高服务创新在整个行业内扩散的效率。充分调动公众及社会媒体积极参与，一方面加大服务创新整体的社会认识度，提高扩散效率；另一方面代替政府实行部分监督的权力，降低政府的调控成本，充分发挥高校及科研院所的人才优势，将"高校强国"战略与"中国制造2025"有机结合，在高校基础研究积累的基础上，提升高校创新成果的落地转化率，为企业服务创新提供思路和指导。

8.3.2 优化服务创新市场竞争秩序，规范行业市场流程

树立规范化的市场环境，加强企业内部的创新保护意识，构建系

统的知识管理体系。由第4章可知，良好的规范压力（行业环境规范和消费环境规范）对服务创新有显著的促进作用，但第7章评价发现，行业整体规范程度较低，未形成统一标准。竞争模仿对制造企业服务创新有重要的影响，加之服务是一种无形的过程，对于无形资产的管理一直被企业所忽视，导致创新成果容易迅速被竞争对手模仿。在全球化的大背景之下，制造企业需要面对的不仅是国内市场竞争，同时还要经受国际市场的考验，然而我国服务型制造业的市场经济体制不健全，政府应推进经济体制改革，建立规范的市场竞争秩序。其一，建议政府协助企业构建系统性的知识管理体系，加快建设针对知识资源共享方面的相关法律法规，注重对知识共享及共创阶段各方成员的保护，对企业而言在有效地保障企业自身权益的同时，也能迅速捕捉外界知识，加以分析、利用和扩散。其二，建议政府出台相关服务创新知识产权保护政策并建立维权渠道，为企业服务创新营造一个良好的外部环境，推进服务创新在社会系统中有效、有序地良性扩散。其三，政府应通过消除行政壁垒，鼓励外资、民营企业参与制造业的发展，并运用经济、行政等手段，抑制低价竞争、低技术含量竞争等恶性竞争现象发生，为各类制造企业服务创新构建有序规范的竞争市场。其四，建议政府联合企业搭建一批优秀的互联网信息服务平台，平台建设以世界领先技术的大数据、电子商务和云计算等为保障，由政府出台关于行业网络平台的合作制造技术规范，构建产业链上下游服务标准体系。

形成"客户-企业-政府"相互制约的监督机制。其一，规范服务创新市场，制定和完善服务创新标准，为消费者提供高标准的服务，维持服务化市场的稳定和有序。其二，政府应关注消费者群体和供应链伙伴的环保诉求，通过媒体定期公布企业环保信息，让消费者和各种环境利益团体对企业转型进行监督，以直接对企业服务创新决策产生作用。其三，建立规范的企业服务创新市场的客户隐私保护体系，对客户个人信息、财务信息和消费记录等要严格监管，以防被不法分子盗取，非法使用。

8.3.3 发挥优势服务创新示范效应，促进环保服务融合

充分发挥政策导向和新闻媒体的舆论导向作用，提高企业主、公众乃至全社会的环保意识。由第4、5章可知，认知压力（竞争需求认知）对服务创新具有显著的促进作用，而第7章的分析表明，企业和客户高碳习惯的改变并非一蹴而就。从社会发展方面来看，制造企业开展服务创新有助于推动制造企业的节能减排，实现国家"双碳"目标，推进制造业绿色有序发展。着力发展绿色服务经济是国家碳达峰和碳中和目标提出的一项重点工程，所以不论是工业智能化发展还是制造企业服务创新，都要建立在"绿色"的基础上。其一，由第6章仿真分析可知，当企业开展服务创新能够获得较高的外部社会收益时，将提高企业服务创新发展的程度，故建议企业主在管理过程中，及早认识到高污染、高能耗传统生产模式的不可持续性，积极进行企业转型升级，积极发展服务创新并进行正向扩散。其二，由第6章仿真分析可知，政府调控对于继续实施粗放生产的企业以及公众的污染行为有一定的制约作用，故建议政府强化环境方面的法律约束，规范公众的日常行为，督促公众提高环保意识，避免选用一次性产品，尽量关注"产品+服务"的循环环保新模式。

培养典型榜样企业，着力打造制造企业服务平台。由第4、5章可知，认知压力（榜样示范认知）对服务创新具有显著的促进作用，且第7章分析表明，服务创新对企业占据可持续竞争优势有着举足轻重的作用。建议政府把握制造企业服务的实际需要，搭建创新研发、服务设计、服务交付、质量认证、整合营销等一系列全过程服务平台，孕育法律、设计、金融、通信、研发、租赁、仓储和物流等相关的生产性服务体系，拉升产业结构水平，强化制造业配套能力设置，真正形成一批榜样示范平台。

8.4 本章小结

本章从个体层面、企业层面和制度层面提出有助于促进"双碳"

目标下制造企业服务创新发展的对策建议。个体层面促进制造企业服务创新发展的对策建议，主要包括培养客户参与服务创新意识和加强客户参与服务创新深度两个方面；企业层面促进制造企业服务创新发展的对策建议，主要包括强化与供应商协力攻关意识、培育制造企业服务创新能力、强化制造企业知识共创机制三个方面；制度层面促进制造企业服务创新发展的对策建议，主要包括制定完善服务创新政策体系、优化服务创新市场竞争秩序、发挥优秀企业服务创新示范效应三个方面内容。

9 结论

9.1 研究结论

为了揭示制造企业服务创新的影响与演化机理，本书以制造业产业调整和转型升级为背景，基于我国制造企业这一研究对象，以探索经济、环境和市场的协调发展、产业高端化转型、促进制造企业服务创新发展为目的，延续客观科学地确定问题、层次系统地分析问题和清晰有效地解决问题的研究思路，采用文献研究和系统归纳法、扎根理论质化研究方法、实证统计分析方法、多主体演化博弈建模方法、数值试验和仿真方法、DSF综合评价等方法，根植于制造企业本土化特点，详尽分析了制造企业服务创新的影响因素、影响机理、演化机理与发展水平评价，拓展和夯实制造企业服务创新发展的理论框架，为政府部门和企业管理人员实施服务创新及促进企业服务创新发展提供理论借鉴和思路。

9.1.1 结 论

经研究本书作者主要得到以下研究结论：

第一，基于扎根质化研究识别出"双碳"目标下我国制造企业服务创新的影响因素。我国制造企业服务创新主要包括个体层面、企业层面和制度层面三个方面的影响因素，其中制造企业服务创新的个体层面包括客户导向主范畴，企业层面包括供应商协同、知识共创和服务创新能力三个主范畴，制度层面包括规制压力、规范压力、认知压力三个主范畴，各主范畴间故事线、各关键因素间作用关系均具有良好的理论饱和度。

第二，基于实证统计分析从个体层面、企业层面和制度层面影响因素揭示"双碳"目标下我国制造企业服务创新的影响机理，结果表明：（1）个体层面，客户导向对知识共创、服务创新均有显著的正向作用；（2）企业层面，供应商协同对客户导向和服务创新有正向调节作用；知识共创对客户导向和服务创新发挥部分中介作用；技术研发能力、服务交付能力和知识产权保护能力对直接客户导向和服务创新有正向调节作用，知识获取能力、技术研发能力对间接客户导向和服务创新有正向调节作用；创新决策能力对客户导向和服务创新的调节能力不显著；（3）制度层面，规制压力、规范压力、认知压力对服务创新具有显著的正向作用。

第三，从组织生态学视角探究了我国制造企业服务创新演化的内涵与特征等，从个体层面（客户）、企业层面（制造企业）和制度层面（政府）构建2×2×2三方主体演化博弈模型，结果表明：（1）制造企业在进行策略选择时既要把握政府的调控策略，也要考量客户参与决策的影响力，以便企业对自身服务创新策略进行抉择和调整，而客户与政府主体不会影响彼此的决策，即制造企业进行服务创新决策、服务创新成效的取得和服务化转型升级的成败是客户、制造企业和政府三方主体共同作用的结果；（2）演化趋于稳定理想状态需要兼顾政府对制造企业服务创新的调控和补贴力度、客户对新产品或服务的支持力度，这样可确保制造企业进行服务创新后能够为客户带来足够的心理效用。

第四，构建了"双碳"目标下我国制造企业服务创新发展水平评价指标体系和DSF综合评价模型，选取海尔集团作为实证研究对象，结果表明：（1）个体层面，客户参与程度整体较高；（2）企业层面，服务交付能力具有较高水平，但供应商应变意识和信息共享程度相对薄弱，技术研发能力和知识产权保护水平亟待提升，另外企业对于知识的把握程度需要引起重视；（3）制度层面，行业规范程度有待提升、政府缺乏相对行之有效的政策引导。

第五，结合研究结论，提出"双碳"目标下促进我国制造企业服务创新发展的对策建议。建议从个体层面培养客户参与服务创新意识，以提高客户价值利用、加强客户参与服务创新深度并提升企业创新水平；建议从企业层面强化与供应商协力攻关意识以降低企业创新风险、培育制造企业服务创新能力以提升企业竞争优势、强化制造企业知识共创机制以增进创新合作交流；建议从制度层面制定完善的服务创新政策体系以规制服务创新环境、优化服务创新市场竞争秩序以规范行业市场流程、发挥优秀企业服务创新示范效应以促进环保与服务融合。

9.1.2 研究创新点

本书的创新之处主要包括以下几个方面：

第一，识别了"双碳"目标下制造企业服务创新的影响因素。将扎根理论引入制造企业服务创新的影响因素质化分析中，通过访谈调研系统分析并遴选制造企业服务创新的影响因素，基于我国制造业转型升级及国家"双碳"目标的现实发展情境，识别出制造企业服务创新的影响因素并明确各因素间的典型关系结构。现有制造企业服务创新影响因素研究以粗略的定性和比较分析为主，扎根理论研究方法具有更规范的研究逻辑和步骤，有效强化了研究的缜密性和说服力，在一定程度上丰富了制造企业服务创新影响因素的相关理论研究。

第二，揭示了"双碳"目标下制造企业服务创新的影响机理。区别于现有制造企业服务创新的研究，本书综合组织行为理论、服务主导逻辑理论、新制度主义理论、可拓理论等多学科基础理论，对制造企业服务创新的影响机理进行深层次辨析，扩充了服务创新影响机理的理论框架，为传统研究范式赋予新思路；综合考察了个体层面、企业层面和制度层面对制造企业服务创新的影响机理，打破了过去单独强调企业资源、客户参与或政府规制之间的独立研究局限，拓宽了制造企业服务创新研究的广度；创新性地考察了供应商协同和部分服务创新能力对客户导向与服务创新之间的调节作用，以及知识共创对于客户导向与服务创新的中介作用，进一步推进了对客户导向和服务创新的理解和认识，增强了理论的严密性和说服力。

第三，建立了"双碳"目标下制造企业服务创新演化机理模型。从组织生态学视角剖析制造企业服务创新演化过程，根据制造企业服务创新演化的多项因果性、正反馈性、层级嵌入性及路径依赖性特征构建演化的理论模型，为分析宏观与微观演化关系的研究提供了全新的研究视角；根据演化博弈理论构建个体层面、企业层面和制度层面三方主体的制造企业服务创新演化博弈模型，相较于完全理性假设的博弈研究更贴近企业研究实际，打破了原有对服务创新非动态研究的局限；从主体博弈的角度研究差异化层面主体间行为选择对企业服务创新决策及其演化路径的影响，揭示其内在运行机理，明确呈现演化稳定趋势和演化稳定条件，充实了服务创新演化的研究方法。

第四，构建了"双碳"目标下制造企业服务创新发展水平的评价模型。从个体层面、企业层面和制度层面三个方面构建制造企业服务创新发展水平评价指标体系，能够更加科学、有效地反映我国制造企业服务创新发展水平的实际情况；提出了 DS-SEW-FCE 综合评价方法构建制造企业服务创新发展水平的评价模型，能够有效避免专家主观偏好产生的误差，合理结合主客观权重分析，对于解决模糊或难以量化的问题有良好的效果，为"双碳"目标下制造企业服务创新评价提供了新的研究方法和思路。

9.2 研究不足与展望

尽管本书所提出的"双碳"目标下制造企业服务创新的观点得到

了理论和实践数据支撑，限于个人时间与能力，仍存在需要加强的方面：（1）对制造企业服务创新演化机理的研究阶段，提出关于模型构建假设前提以确保演化博弈模型简化分析与计算，在后续研究中应重点优化博弈假设和博弈模型，使其更加贴合制造企业服务创新实际情况；（2）研究仅收集了部分企业的数据资料，未能涵盖整个中国制造企业，未来研究可以使用纵向时间序列数据评价方法，以提高研究的普适性。

主要参考文献

[1] ALEJANDRO G P, ANDRES J M, ANTONIO C S. Innovation, environment, and productivity in the Spanish service sector: An implementation of a CDM structural model [J]. Journal of Cleaner Production, 2018, 171 (10): 1049-1057.

[2] ANNA K, LASSE T. Service innovation and internationalization in SEMs: Implications for growth and performance [J]. Management Revue, 2015, 26 (2): 83-100.

[3] BARON R M, KENNY D A. The moderator-mediator variable distinction in social psychological research: Conceptual, strategic and statistical consideration [J]. Journal of Personality and Social Psychology, 1986 (51): 1173-1182.

[4] CETINDAMAR D, PHAAL R, PROBERT D R. Technology management as a profession and the challenges ahead [J]. Journal of Engineering and Technology Management, 2016 (41): 1-13.

[5] GRANT R. Toward a knowledge-based theory of the firm [J]. Strategic Management Journal, 1996, 17 (1): 109-122.

[6] GABRIELE S, DEMETRIS V, ALKIS T, et al. The internet of things: Building a knowledge management system for open innovation and knowledge management capacity [J]. Technological Forecasting and Social Change, 2017, 34 (2): 1-8.

[7]　GAMACHE D, NAMARA G, MANNOR M, et al. Motivated to acquire? The impact of CEO regulatory focus on firm acquisitions [J]. Academy of Management Journal, 2015, 58 (4): 1261-1282.

[8]　HANNNA M T, FREEMAN J H. The population ecology of organizations [J]. American Journal of Sociology, 1977 (82): 929-964.

[9]　HERTOG P. Knowledge intensive business services as co-producers of innovation [J]. International Journal of Innovation Management, 2000, 4 (4): 491-528.

[10]　HILLRBRAND B, KEMP R G, NIJSSEN E J. Customer orientation and future market focus in NSD [J]. Service Management, 2011, 22 (1): 67-84.

[11]　JIA L, YOU S, DU Y. Chinese context and theoretical contributions to management and organization research: A three-decade review [J]. Management & Organization Review, 2012, 8 (1): 173-209.

[12]　JUNG K H. The effect of frontline employee co-creation on service innovation: Comparison of manufacturing and service industries [J]. Procedia-Social and Behavioral Sciences, 2016, 224 (15): 292-300.

[13]　KANERVA M, HOLLANDERS H, ARUNDEL A. Trendchart report: Can we measure and compare innovation in services? [R]. Maastricht: MERIT, 2006.

[14]　KI H K, KANG J. Do external knowledge sourcing models matter for service innovation? [J]. Journal of Product Innovation Management, 2014, 31 (1): 176-190.

[15]　KOHLI A K, JAWORSKI B J. Market orientation: The construct, research, propositions, and managerial implications [J]. Journal of Marketing, 1990, 54 (4): 1-18.

[16]　KOUFTEROS X A, CHENG T C, KEE H L. "Black-box" and "gray-box" supplier integration in product development: Antecedents, consequences and the moderating role of firm size [J]. Oper. Manag, 2007, 25 (4): 847-870.

[17]　MARIO S. Frontline employees' participation in service innovation implementation: The role of perceived external reputation [J]. European Management Journal, 2016, 34 (5): 540-549.

[18]　MCFARLAND R G, BLOODGOOD J M, PAYAN J M. Supply chain contagion [J]. Journal of Marketing, 2008, 72 (2): 63-79.

[19] MING L T, YUAN H L, MING K L, BENITO L T. Using a hybrid method to evaluate service innovation in the hotel industry [J]. Applied Soft Computing, 2015, 2 (28): 411-421.

[20] MOHAGHAR A, JAFARNEJAD A, MOOD M M, et al. A framework to evaluate customer knowledge co-creation capacity for new product development [J]. African Journal of Business Management, 2012, 6 (21): 6401-6414.

[21] NAGASSI S, HUNG T Y. The nature of market competition and innovation: Does competition improve innovation output? [J]. Economics of Innovation and New Technology, 2014, 23 (1): 63-91.

[22] NADER N, ZULFIQAR A. Service value creation capability model to assess the service innovation capability in SMEs [J]. Procedia CIRP, 2015, 30 (2): 390-395.

[23] QIANG W, XIANDE Z, CHRIS V. Customer orientation and innovation: A comparative study of manufacturing and service firms [J]. Production Economics, 2016 (171): 221-230.

[24] RICARDA B B, MARTIN R, ROBIN P, SVEN M L. Alliances of service firms and manufacturers: Relations and configurations of entrepreneurial orientation and hybrid innovation [J]. Journal of Business Research, 2018, 89 (3): 190-197.

[25] SAMUEL P S, MIKAEL J, BO E. Service innovation in a complex service system: Public transit service sustainability business cases [J]. Procedia Social and Behavioral Sciences, 2016, 224 (15): 269-275.

[26] WEST J, BOGERS. M. Leveraging external sources of innovation: a review of research on open innovation [J]. Social Science Electronic Publishing, 2014, 31 (4): 814-831.

[27] ZHANG B, WANG Z H, LAI K H. Mediating effect of managers' environmental concern: Bridge between external pressures and firms' practices of energy conservation in China [J]. Journal of Environmental Psychology, 2015, 43 (1): 203-215.

[28] ZOMERDIJK L, VOSS C A. NSD processes and practices in experiential services [J]. Product Innovation Management, 2011, 28 (1): 63-80.

[29] 崔兴文，张成君，王建国. 客户参与影响制造企业服务化转型的路径研究——基于服务主导逻辑和开放式创新理论 [J]. 安徽理工大学学报（社

会科学版），2017，19（3）：65-69．

[30] 陈放．信息技术能力与金融服务创新的协同演化机制研究——以我国互联网支付行业为例［J］．技术经济与管理研究，2017（12）：61-65．

[31] 范钧，聂泽君．企业-顾客在线互动、知识共创与新产品开发绩效［J］．科研管理，2016，37（1）：119-127．

[32] 姜松，曹峥林，刘晗．农业适度规模经营与金融服务创新：特征现象与演化机制［J］．世界农业，2017（7）：67-73；244．

[33] 简兆权，陈键宏，郑雪云．网络能力、关系学习对服务创新的影响研究［J］．管理工程学报，2014，28（3）：91-99．

[34] 简兆权，李雷，柳仪．服务供应链整合及其对服务创新影响研究述评与展望［J］．外国经济与管理，2013，35（1）：37-46．

[35] 蒋楠，赵嵩正，吴楠．服务型制造企业服务提供、知识共创与服务创新［J］．科研管理，2016（37）：57-64．

[36] 黄群慧，霍景东．中国制造业服务化的现状与问题——国际比较视角［J］．学习与探索，2013（8）：90-96．

[37] 李先江．服务业市场研究活动执行品质对服务创新的影响研究［J］．研究与发展管理，2013，25（2）：85-94．

[38] 刘思明，侯鹏，赵彦云．知识产权保护与中国工业创新能力——来自省级大中型工业企业面板数据的实证研究［J］．数量经济技术经济研究，2015，32（3）：40-57．

[39] 师建华，刘刚桥．基于结构方程模型的中小物流企业服务创新影响因素研究——以佛山市调研数据为例［J］．物流科技，2018，41（1）：15-21．

[40] 唐承鲲，徐明．顾客参与互联网企业服务创新影响机制研究［J］．湖南社会科学，2016（3）：144-149．

[41] 吴伟伟，刘业鑫，于渤．技术管理与技术能力匹配对产品创新的内在影响机制［J］．管理科学，2017，30（2）：3-15．

[42] 王喜刚．组织创新、技术创新能力对企业绩效的影响研究［J］．科研管理，2016，37（2）：107-115．

[43] 付静雯．制造企业服务创新的影响及演化机理研究［D］．哈尔滨：哈尔滨工程大学，2019．

[44] 王莉，任浩．虚拟创新社区中消费者互动和群体创造力——知识共享的中介作用研究［J］．科学学研究，2013，31（5）：701-710．

[45] 谢凤华，杨沁．服务补救中顾客/企业参与对服务创新影响研究［J］．科研管理，2017，38（4）：84-93．

[46] 徐建中，付静雯．可拓资源对制造企业服务创新的影响研究［J］．科学学

研究，2018，36（9）：1668-1676；1707．

[47] 徐建中，付静雯，李奉书．基于演化博弈的制造企业服务创新扩散研究[J]．运筹与管理，2018，27（7）：177-183．

[48] 徐建中，付静雯．中国制造2025视角：制造企业客户导向对服务创新绩效的影响[J]．中国科技论坛，2018（2）：62-70．

[49] 肖远飞，李　，侯璐萍．全球生产网络嵌入对我国西部制造业创新能力的影响[J/OL]．科技进步与对策，2017（1）：1-6．

[50] 张军，许庆瑞，张素平．企业创新能力内涵、结构与测量——基于管理认知与行为导向视角[J]．管理工程学报，2014，28（3）：1-10．

[51] 张保仓，任浩．虚拟组织知识资源获取对持续创新能力的作用机制研究[J]．管理学报，2018（7）：1009-1017．

[52] 柴青宇．黑龙江省农村产业融合发展水平评价及其路径选择研究[D]．哈尔滨：东北林业大学，2021．

[53] 张红琪，鲁若愚．供应商参与服务创新的过程及影响研究[J]．科学学研究，2010，28（9）：1422-1427．